海上絲綢之路基本文獻叢書

中山傳信録（中）

〔清〕徐葆光 撰

文物出版社

圖書在版編目（CIP）數據

中山傳信録．中 /（清）徐葆光撰．-- 北京 : 文物出版社，2022.7
（海上絲綢之路基本文獻叢書）
ISBN 978-7-5010-7585-0

Ⅰ．①中… Ⅱ．①徐… Ⅲ．①地方史－史料－臺灣－清代②疆界－臺灣－清代 Ⅳ．① K295.8

中國版本圖書館 CIP 數據核字（2022）第 097160 號

海上絲綢之路基本文獻叢書

中山傳信録（中）

撰　　者：〔清〕徐葆光
策　　劃：盛世博閲（北京）文化有限責任公司

封面設計：鞏榮彪
責任編輯：劉永海
責任印製：王　芳

出版發行：文物出版社
社　　址：北京市東城區東直門内北小街 2 號樓
郵　　編：100007
網　　址：http://www.wenwu.com
經　　銷：新華書店
印　　刷：北京旺都印務有限公司
開　　本：787mm×1092mm　1/16
印　　張：11.625
版　　次：2022 年 7 月第 1 版
印　　次：2022 年 7 月第 1 次印刷
書　　號：ISBN 978-7-5010-7585-0
定　　價：90.00 圓

總緒

海上絲綢之路，一般意義上是指從秦漢至鴉片戰争前中國與世界進行政治、經濟、文化交流的海上通道，主要分爲經由黄海、東海的海路最終抵達日本列島及朝鮮半島的東海航綫和以徐聞、合浦、廣州、泉州爲起點通往東南亞及印度洋地區的南海航綫。

在中國古代文獻中，最早、最詳細記載『海上絲綢之路』航綫的是東漢班固的《漢書·地理志》，詳細記載了西漢黄門譯長率領應募者入海『齎黄金雜繒而往』之事，書中所出現的地理記載與東南亞地區相關，并與實際的地理狀況基本相符。

東漢後，中國進入魏晉南北朝長達三百多年的分裂割據時期，絲路上的交往也走向低谷。這一時期的絲路交往，以法顯的西行最爲著名。法顯作爲從陸路西行到印度，再由海路回國的第一人，根據親身經歷所寫的《佛國記》（又稱《法顯傳》）一書，詳細介紹了古代中亞和印度、巴基斯坦、斯里蘭卡等地的歷史及風土人情，是瞭解和研究海陸絲綢之路的珍貴歷史資料。

隨着隋唐的統一，中國經濟重心的南移，中國與西方交通以海路爲主，海上絲綢之路進入大發展時期。廣州成爲唐朝最大的海外貿易中心，朝廷設立市舶司，專門管理海外貿易。唐代著名的地理學家賈耽（七三〇～八〇五年）的《皇華四達記》記載了從廣州通往阿拉伯地區的海上交通『廣州通夷道』，詳述了從廣州港出發，經越南、馬來半島、蘇門答臘半島至印度、錫蘭，直至波斯灣沿岸各國的航綫及沿途地區的方位、名稱、島礁、山川、民俗等。譯經大師義净西行求法，將沿途見聞寫成著作《大唐西域求法高僧傳》，詳細記載了海上絲綢之路的發展變化，是我們瞭解絲綢之路不可多得的第一手資料。

宋代的造船技術和航海技術顯著提高，指南針廣泛應用於航海，中國商船的遠航能力大大提升。北宋徐兢的《宣和奉使高麗圖經》詳細記述了船舶製造、海洋地理和往來航綫，是研究宋代海外交通史、中朝友好關係史、中朝經濟文化交流史的重要文獻。南宋趙汝適《諸蕃志》記載，南海有五十三個國家和地區與南宋通商貿易，形成了通往日本、高麗、東南亞、印度、波斯、阿拉伯等地的『海上絲綢之路』。宋代爲了加强商貿往來，於北宋神宗元豐三年（一〇八〇年）頒佈了中國歷史上第一部海洋貿易管理條例《廣州市舶條法》，并稱爲宋代貿易管理的制度範本。

元朝在經濟上採用重商主義政策，鼓勵海外貿易，中國與歐洲的聯繫與交往非常頻繁，其中馬可·波羅、伊本·白圖泰等歐洲旅行家來到中國，留下了大量的旅行記，記録元代海上絲綢之路的盛況。元代的汪大淵兩次出海，撰寫出《島夷志略》一書，記録了二百多個國名和地名，其中不少首次見於中國著録，涉及的地理範圍東至菲律賓群島，西至非洲。這些都反映了元朝時中西經濟文化交流的豐富内容。

明、清政府先後多次實施海禁政策，海上絲綢之路的貿易逐漸衰落。但是從明永樂三年至明宣德八年的二十八年裏，鄭和率船隊七下西洋，先後到達的國家多達三十多個，在進行經貿交流的同時，也極大地促進了中外文化的交流，這些都詳見於《西洋蕃國志》《星槎勝覽》《瀛涯勝覽》等典籍中。

關於海上絲綢之路的文獻記述，除上述官員、學者、求法或傳教高僧以及旅行者的著作外，自《漢書》之後，歷代正史大都列有《地理志》《四夷傳》《西域傳》《外國傳》《蠻夷傳》《屬國傳》等篇章，加上唐宋以來衆多的典制類文獻、地方史志文獻，集中反映了歷代王朝對於周邊部族、政權以及西方世界的認識，都是關於海上絲綢之路的原始史料性文獻。

海上絲綢之路概念的形成，經歷了一個演變的過程。十九世紀七十年代德國地理學家費迪南・馮・李希霍芬（Ferdinad Von Richthofen，一八三三～一九〇五），在其《中國：親身旅行和研究成果》第三卷中首次把輸出中國絲綢的東西陸路稱爲『絲綢之路』。有『歐洲漢學泰斗』之稱的法國漢學家沙畹（Édouard Chavannes，一八六五～一九一八），在其一九〇三年著作的《西突厥史料》中提出『絲路有海陸兩道』，蘊涵了海上絲綢之路最初提法。迄今發現最早正式提出『海上絲綢之路』一詞的是日本考古學家三杉隆敏，他在一九六七年出版《中國瓷器之旅：探索海上的絲綢之路》中首次使用『海上絲綢之路』一詞；一九七九年三杉隆敏又出版了《海上絲綢之路》一書，其立意和出發點局限在東西方之間的陶瓷貿易與交流史。

二十世紀八十年代以來，在海外交通史研究中，『海上絲綢之路』一詞逐漸成爲中外學術界廣泛接受的概念。根據姚楠等人研究，饒宗頤先生是華人中最早提出『海上絲綢之路』的人，他的《海道之絲路與昆侖舶》正式提出『海上絲路』的稱謂。選堂先生評價海上絲綢之路是外交、貿易和文化交流作用的通道。此後，大陸學者馮蔚然在一九七八年編寫的《航運史話》中，使用『海上絲綢之路』一詞，這是迄今學界查到的中國大陸最早使用『海上絲綢之路』的人，更多地限於航海活動領域的考察。一九八〇年北京大學陳炎教授提出『海上絲綢之路』研究，并於一九八一年發表《略論海上絲綢之路》一文。他對海上絲綢之路的理解超越以往，且帶有濃厚的愛國主義思想。陳炎教授之後，從事研究海上絲綢之路的學者越來越多，尤其沿海港口城市向聯合國申請海上絲綢之路非物質文化遺産活動，將海上絲綢之路研究推向新高潮。另外，國家把建設『絲綢之路經濟帶』和『二十一世紀海上絲綢之路』作爲對外發展方針，將這一學術課題提升爲國家願景的高度，使海上絲綢之路形成超越學術進入政經層面的熱潮。

與海上絲綢之路學的萬千氣象相對應，海上絲綢之路文獻的整理工作仍顯滯後，遠遠跟不上突飛猛進的研究進展。二〇一八年厦門大學、中山大學等單位聯合發起『海上絲綢之路文獻集成』專案，尚在醖釀當中。我們不揣淺陋，深入調查，廣泛搜集，將有關海上絲綢之路的原始史料文獻和研究文獻，分爲風俗物産、雜史筆記、海防海事、典章檔案等六個類別，彙編成《海上絲綢之路歷史文化叢書》，於二〇二〇年影印出版。此輯面市以來，深受各大圖書館及相關研究者好評。爲讓更多的讀者親近古籍文獻，我們遴選出前編中的菁華，彙編成《海上絲綢之路基本文獻叢書》，以單行本影印出版，以饗讀者，以期爲讀者展現出一幅幅中外經濟文化交流的精美畫卷，爲海上絲綢之路的研究提供歷史借鑒，爲『二十一世紀海上絲綢之路』倡議構想的實踐做好歷史的詮釋和注脚，從而達到『以史爲鑒』『古爲今用』的目的。

凡例

一、本編注重史料的珍稀性，從《海上絲綢之路歷史文化叢書》中遴選出菁華，擬出版百册單行本。

二、本編所選之文獻，其編纂的年代下限至一九四九年。

三、本編排序無嚴格定式，所選之文獻篇幅以二百餘頁爲宜，以便讀者閱讀使用。

四、本編所選文獻，每種前皆注明版本、著者。

五、本編文獻皆爲影印，原始文本掃描之後經過修復處理，仍存原式，少數文獻由於原始底本欠佳，略有模糊之處，不影響閱讀使用。

六、本編原始底本非一時一地之出版物，原書裝幀、開本多有不同，本書彙編之後，統一爲十六開右翻本。

目録

中山傳信録（中）　卷三至卷四　〔清〕徐葆光　撰　清康熙六十年刻本……………………一

中山傳信録（中）

中山傳信録（中）

卷三至卷四

〔清〕徐葆光　撰

清康熙六十年刻本

中山傳信錄卷第三

中山世系　封貢事蹟附

中山世系圖

○舜天—舜馬順熙—義本

○英祖—大成—英慈—玉城—西威

○察度—武寧

○思紹—尚巴志—尚忠—尚思達—尚金福—

尚泰久—尚德

○尚圓—尚眞—尚淸—尚元—尚永—尚寧

宣威

尚豐—尚賢

尚質—尚貞—尚純—尚益—尚敬

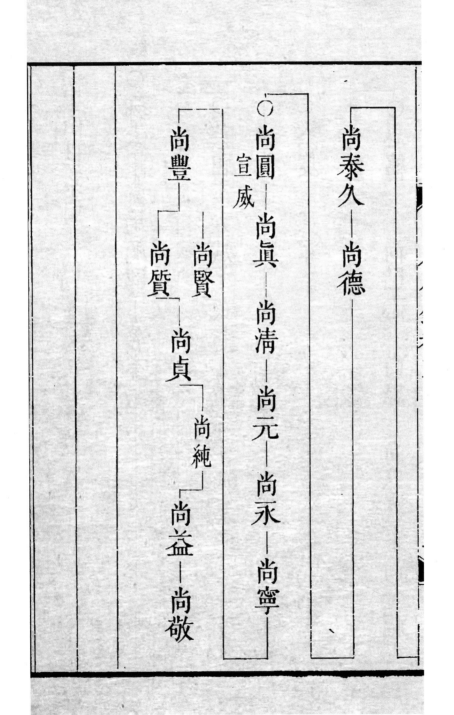

中山傳信錄卷第三

冊封琉球國王副使　賜正一品麟蟒服翰林院編修加二級臣徐葆光纂

中山世系

臣按前使汪楫譔中山沿革志皆採前明實錄時
汪與修明史採錄頗稱詳備然皆就其封貢往來
中朝者言之故一一明悉至本國承襲先後之間
或多昧焉時據所稱世纘圖所載互訂一二而已
臣今至國遍訪所謂世纘圖者不獨民間無其書
即國庫中亦無其圖惟抄撮尚宣威以前事名中

山世鑑事與中山沿革志所載頗有不合者後細
詢本國此書乃尚質王弟尚象賢字文英者爲之
汪使封尚貞王時此書尚未成也中山開闢以來
至舜天始有國字至尚象賢始窮搜博采集成此
書本國稱其聰明才俊佐其姪尚貞有功於國其
書必詳盡事理惜未及見其全書今但考正其歷
代世系而以汪楫所採明史實錄中封貢往來之
事附於其支以備考云

中山世鑑云琉球始祖爲天孫氏其初有一男一女

生於大荒自成夫婦曰阿摩美久生三男二女長男爲天孫氏國主始也二男爲諸侯始三男爲百姓始長女曰君君二女曰祝祝爲國守護神一爲天神一爲海神也天孫氏二十五代姓氏今不可考故畧之起乙丑終丙午凡一萬七千八百二年今斷自舜天始

舜天

宋淳熙十四年丁未舜天即位

舜天日本人皇後裔大里按司朝公男子也淳熙七

年庚子年十五屢有奇徵長爲蒲添按司人奉其政
斷獄不違天孫二十五世政衰逆臣利勇恃寵執權
鴆其君而自立舜天討之利勇死諸按司推奉卽位
賞功罰罪民安國豐在位五十一年壽七十二嘉熙
元年丁酉薨

舜馬順熙

宋嘉熙二年戊戌舜馬順熙嗣位
舜馬順熙舜天第一子淳熙十二年乙巳生五十四
歲嗣位在位十一年壽六十四淳祐八年薨

義本

宋淳祐九年巳酉義本嗣位

義本舜馬順熙第一子開禧二年丙寅生四十四歲嗣位其明年國中大饑次年疾疫人民半失君歎息名群臣曰饑疫并行不德誰讓群臣舉惠祖世嫡英祖君大悦名試國政舉賢退不肖疾疫止遂攝政七年義本讓位隱於北山在位凡十一年壽五十四歲

舜天至義本凡三傳共七十三年

英祖

宋景定元年庚申英祖卽位
英祖天孫氏後裔惠祖世主孫紹定二年巳丑生有
瑞徵十二歲名聞國家二十通經傳國人思事爲伊
祖按司寶祐元年癸丑攝政及卽位年三十二明年
巡行國中效周徹法正經界均井地然後穀祿平百
度擧矣景定五年西北諸島始來貢咸淳二年丙寅
北夷大島來朝厚給賜遣歸是爲大島朝貢之始自
後每年入貢英祖在位四十年壽七十一大德三年
薨

大成

元大德四年庚子大成嗣位

大成英祖世子宋淳祐七年丁未生五十四歲即位

以仁義措事以禮讓接物國治民安在位九年壽六

十二至大元年薨

英慈

元至大二年己酉英慈嗣位

英慈大成第二子宋咸淳四年戊辰生四十二歲即

位在位五年治遵舊章深而有謀疏通知事壽四十

六皇慶二年薨

玉城

元延祐元年甲寅玉城嗣位

玉城英慈第四子元貞二年丙申生十九歲即位世衰政廢內爲邑荒外爲禽荒諸按司不朝國分爲三中山王山南王山北王山南王大里按司也佐敷知念玉城具志頭東風平嶋尻喜屋武摩文仁眞壁兼城豐見城以上十一國從山南王山北王今歸仁按司也羽地名護國頭金武伊江大宜味今歸仁恩納

數國從山北王中山惟有首里王城那霸泊浦添北
溪中城越來讀谷山具志川勝連首里三平（首里有西平南平眞地平等謂之三平）等數國中山山南山北時時兵發角戰
數十年玉城在位二十三年壽四十一

西威

元至元三年丁丑西威嗣位

西威玉城第一子至和元年戊辰生十歲卽位政歸
毋后牝雞亂政時察度爲浦添按司有德國人歸服
西威在位十四年壽二十三國人廢世子奉浦添按

按司察度爲王

英祖至西威凡四傳共七十七年

察度

元至正十年庚寅察度即位

察度浦添間切謝那村粤間大親之子粤間大親業農質純厚天女來格而生察度始爲浦添按司西威薨世子五歲母后亂政國人廢世子奉之即位德厚民歸災變日銷國家豐饒明史實錄洪武五年行人楊載賫詔至國詔曰昔帝王之治天下凡日月所

照無有遠邇一視同仁此句之下中山世鑑有故中國尊安四夷得所非有意臣服之也三句自元政不作失綱天下兵爭者十有七年下有四方遐裔信奸不通二句朕起布衣開基江左命將四征不庭西平漢主陳友諒東縛吳王張士誠南平閩越北清幽燕朕爲臣民推戴卽皇帝位定有天下之號曰大明建元洪武以上一段中山世鑑作朕肇基江左掃群雄定華夏臣民推戴已主中國號曰大明建元洪武是用遣使外邦播告朕意使者所至稱臣入貢惟爾琉球在中國東南遠處海外未及報知茲特遣使往諭爾其知之此段中山世鑑作頃者克平元都疆宇大同已承正統方與遠邇相安于

無事以共享太平之福惟爾四裔君長酋帥等遐邇未聞故茲詔示想宜知悉於是王遣弟泰期奉表貢方物中山世鑑云其貢物馬刀金銀酒海金銀粉匣瑪瑙象牙螺殼海巴櫂子扇泥金扇生紅銅錫生熟夏布牛皮降香木香速香檀香黃熟香蘸木烏木胡椒硫磺磨刀石是爲琉球通中國之始　七年王又遣泰期等入貢并上皇太子箋貢物如之太祖賜大統曆及文綺紗羅賜泰期衣幣靴襪副使惹爬燕之及通事從人皆有賜泰期復來貢并上皇太子箋命刑部侍郎李浩齎賜文綺陶鐵器且以陶器七萬鐵器千就其國市馬及硫磺　九年夏王遣泰期從浩入貢馬四十匹浩

言其國不貴紈綺惟貴磁器鐵釜自是賞賚多用諸
物　十年王又遣泰期等表賀元旦貢馬十六匹硫
黄千斤　十一年十三年貢方物賜賚悉如例　十
五年王又遣泰期及陪臣亞蘭匏等貢馬及硫黄太
祖賜幣帛有加命尚佩監奉御路謙送泰期等返國
十六年王遣亞蘭匏表賀元旦貢方物山南王承
察度亦遣其臣師惹等奉表入貢太祖賜王鍍金銀
印及幣帛七十二疋山南王賜幣帛如之時二王與
山北王互相攻伐遣中使梁民勅王曰王居滄海之

中崇山環海爲國事大之禮不行亦何患哉王能體
天育民行事大之禮自朕卽位十有六年歳遣人朝
貢朕嘉王至誠命尚佩監路謙報王誠禮何期復遣
使來謝今令內使監丞梁民同前奉御路謙賫符賜
王鍍金銀印一近使者歸言琉球三王互爭廢農傷
民朕甚憫焉詩曰畏天之威於時保之王其罷戰息
民務修爾德則國用永安矣諭山南王承察度山北
王帕尼芝曰上帝好生寰宇之內生民衆矣天恐生
民互相殘害特生聰明者主之邇者琉球國王察度

堅事大之誠遣使來報而山南承察度亦遣人隨使者入覲鑒其至誠深可嘉尚近使者自海中歸言琉球三王互爭廢棄農業傷殘人命朕聞之不勝憫憐今遣使諭二王能體朕意息兵養民以綿國祚則天祐之不然悔無及矣于是王及山南王山北王皆遣使入謝各賜衣幣　十七年王遣阿不耶等入貢賜鈔幣　十八年表賀元旦貢方物太祖賜王海舟一山南王如之又補給山南王山北王駝紐鍍金銀印各一　十九年王遣亞蘭匏等貢馬百二十匹硫磺

萬二千斤賜宴及鈔　二十年王遣亞蘭匏等貢方物進皇太子箋獻馬山南王承察度叔汪英紫氏山北王帕尼芝亦各遣使入貢　二十一年王遣使甚模結致等貢馬賀天壽聖節　二十三年表賀元旦貢方物世子武寧亦貢馬五匹硫磺二千斤胡椒二百斤蘇木三百斤通事屋之結者攜胡椒三百斤乳香十斤爲門者所獲當入官詔還之仍賜屋之結等六十人鈔各十錠　中山世鑑云洪武二十三年庚午南夷宮古島八重山島始來貢其後每年來貢　二十四年王及世子武寧遣亞蘭匏嵬谷

致等貢馬及方物山南王叔汪英紫氏亦遣使表賀
天壽聖節　二十五年王及世子武寧各進表箋貢
馬并遣從子日孜每濶八馬寨官子仁悦慈入國子
監讀書國人就學自兹始太祖各賜衣巾靴襪并夏
衣一襲鈔五錠秋又賜羅衣各一襲及靴襪衾褥山
南王承察度亦遣從子三五郎尾及寨官子實他盧
尾賀段志等入國子監讀書賚如中山例先是國人
才孤那等二十八人採硫磺于河蘭埠遇風飄惠州
海豐爲邏卒所獲語言不通以爲倭人送至京至是

貢使爲白其事太祖皆遣歸賜閩人善操舟者三十六姓以便往來萬曆中副使謝行人杰記云洪永二次各遣十八姓多閩之河口人合之凡三十六姓今所存者僅七姓中山世鑑云今存者僅蔡鄭林梁金五家　二十六年王遣使麻州等貢方物巳又遣使壽禮結致等貢馬偕寨官子叚志每入國子監讀書太祖命賜夏衣靴襪秋又賜羅絹衣各一襲傔從各給布衣　二十七年王遣亞蘭匏等貢方物賜宴于會同館　二十八年王遣王相亞蘭匏貢方物山北王珉山南王叔汪英紫氏亦各遣使入貢太祖賜鈔有差　二十九年王

兩遣使貢方物山北王攀安知山南王承察度山南王叔汪英紫氏亦入貢詔遣三五郎亹等歸省賜三五郎亹白金七兩綵緞六表裏鈔五十錠寨官子實那盧亹鈔二十錠綵緞一表裏歸未數月會世子武寧遣使貢偕寨官子麻奢理誠志魯二人入國子監就學三五郎亹復與俱來請卒業太祖許之仍賜衣冠靴襪　三十年王兩遣使貢馬及硫磺山北王攀安知山南王叔汪英紫氏亦入貢　三十一年王遣亞蘭匏等貢馬及硫磺世子武寧貢如之女官生姑

魯妹偕入謝恩以昔常在京讀書也太祖賜鈔有差三月太祖命以冠帶賜王先是王嘗請中國冠帶太祖命禮部圖冠帶之制示之至是匏等復以爲請賜如制并賜臣下冠服　永樂改元遣使以即位詔諭王王遣從子三五亙亹奉表賀且貢方物成祖賜鈔幣襲衣宴於會同館遣行人邊信劉亢齎絨錦綺紗羅賜王

臣按中山世鑑云王在位四十六年洪武二十八年十月五日薨今實錄二十九年後尚書王貢如

常豈未訃於朝耶

武寧

明洪武二十九年丙子武寧嗣位

中山世鑑云武寧察度世子元至正十六年生四十一歲嗣位違父遺命荒於禽色日夜逸遊諸侯多背山南王討滅之在位二十六年

明史實錄云察度卒子武寧遣三五亙亹訃告於朝永樂二年正月成祖遣行人時中往祭賻以布帛詔武寧襲爵詔曰聖王之治協和萬邦繼承之道率由

一常典故琉球國中山王察度受命皇考太祖高皇帝作屏東藩克修臣節曁朕即位率先歸誠今既歿爾武寧乃其世子特封爾爲琉球國中山王以承厥世惟儉以修身敬以養德忠以事上仁以撫下克循玆道作鎮海邦永延世祚欽哉四月山南王弟汪應祖亦受封於朝應祖故山南王承察度從弟承察度無子遺命應祖攝國事元年常遣長史王茂朝貢會山北王攀安知遣使善佳古耶貢方物丐賜冠帶衣服以變國俗成祖許之至是應祖遣使隗谷結致來朝

貢方物且奏乞如山北王例賜冠服成祖遂遣使齎
詔封之賜如所請偕其使俱還三年行人時中使琉
球還王遣三五良亹奉表貢方物謝襲封恩賜衣幣
宴於會同館已又遣養埠結制等賀萬壽聖節時山
北王攀安知山南王汪應祖亦遣貢應祖又遣寨官
子李傑赴國子監受學賜衣如例　四年王及山南
王山北王皆表賀元旦王遣寨官子石達魯等六人
就學賜衣鈔有差王進閹者數人成祖不受
臣按前使汪楫記云世纘圖云洪武二十九年王

卽位凡在位二十六年其國繼世嗣位類先自立
而後請於朝故所紀嗣位之年與中朝遣封之時
多不合然明初貢使時通封卒年歲不應參差如
是卽云洪武二十九年嗣位中更靖難赴告踰期
顧在位二十六年則永樂之末尚宜無恙何五年
遂有祭賻之典耶按中山世鑑云武寧在位二十
六年卒於永樂十九年辛丑尚巴志於永樂二十
年立與世纘圖所記同皆非是遍問國中老成云
武寧永樂二年受封薨於永樂三年在位十年山

南王旣滅武寧尚巴志舉兵討山南王并滅中山而奉其父思紹爲王明史實錄永樂五年世子思紹告其父武寧之喪來請嗣爵若合符節爲不謬云

察度至武寧凡二傳共五十六年

思紹

明永樂四年丙戌思紹卽位

明史實錄云永樂五年四月世子思紹遣三吾良亹貢馬及方物別遣使以其父武寧訃告成祖命禮部

賜祭賻詔思紹嗣王爵 按中山世鑑云宣德三年封尚巴志爲中山王乃追封其父思紹爲王非也追封之王主不入廟今先王廟中有思紹神主其及身爲王明矣況實錄又鑿然可據無疑也 六年王遣使阿勃吾斯奉表貢方物謝襲封恩時山南王汪應祖亦貢馬各賜鈔幣 七年王遣使賀萬壽聖節山南王汪應祖亦貢馬各賜衣幣

八年王遣三吾良亹朝貢山南王汪應祖亦遣使賀萬壽聖節皇太子皆賜之鈔幣王遣官生模都古等三人入國子監受學皇太子各賜巾衣靴絛衾褥帳具通事林佑本中國人啓請賜冠帶從之 九年王

遣三吾良亹賀元旦偕王相之子懷德寨官之子祖
魯古入國子監受學又遣使坤宜堪彌貢馬及方物
疏言長史王茂輔翼有年請陞茂為國相兼長史事
又言長史程復一作朱復饒州人輔臣祖察度四十餘年
勤誠不懈今年八十有一請命致仕還其鄉悉報可
十年王遣使賀元旦山南王汪應祖亦入貢已又
遣使賀萬壽聖節成祖賜鈔幣又賜琉球生夏布襴
衫絛靴　十一年王兩遣使貢馬偕寨官子鄔同志
久等三人一作三十人入國子監受學已又與山南王汪

應祖各貢馬賜鈔及永樂錢　十二年王遣使賀元旦遣三吾良亹貢馬及方物賜鈔幣皇太子賜琉球生益智每等二人羅布衣各一襲及襴衫靴襪衾褥帷帳從人皆有賜成祖賜鄔同志久等三人衣鈔十三年成祖遣行人陳季芳一作若等齎詔封山南王汪應祖世子他魯每爲琉球國山南王時應祖爲其兄達勃期所弒各寨官合兵誅達勃期推他魯每攝國事他魯每表請襲封故遣使往并賜誥命冠服及鈔萬五千錠王及山北王攀安知俱各遣使貢方物

王世子尚巴志亦遣使宜是結制貢馬及方物賜文
綺三十表裏　十四年王遣三吾良亹貢馬及方物
巳又遣使貢馬山南王他魯每亦遣使來貢謝襲封
恩　十五年王及山南王他魯每俱遣使貢賜賚甚
厚巳又與世子尚巴志各遣使貢馬　十六年王兩
遣使貢方物成祖賜使者冠帶鈔幣有差　十七年
王三遣使貢馬及方物　二十年王遣使賀元旦巳
又遣貢方物　二十一年世子尚巴志遣使奉表貢
方物皇太子命禮部宴勞之　二十二年二月王訃

聞於朝命禮部遣官賜祭賻以布帛九月遣行人周
彝齎勑以行人一作仁宗嗣位命行人方彝詔告其國
臣按中山沿革志云思紹永樂五年嗣位二十三
年卒在位十八年非也王在位十六年永樂十九
年薨今明史實錄二十年以後尚書王貢如常至
二十二年始訃於朝未詳其故
尚巴志
明永樂二十年壬寅尚巴志嗣位
中山世鑑云尚巴志佐鋪按司思紹嫡子也洪武五

年壬子生洪武三十五年壬午年三十一嗣父思紹
爲佐鋪按司賞罰不違視民饑如已饑民寒如已寒
南方諸侯歸之者甚衆時山南王恃勝而驕窮欲於
人朝暮遊宴諸侯皆遁歸服於佐鋪按司共兵攻落
山南王遂進兵浦添并攻落中山王山北王皆次第
降當元延祐中國分爲三百有餘年中山山北交攻
七十餘戰山北輙勝今戰敗自殺中山王順天御坐
琉球國又合爲一統永樂二十一年癸卯秋遣使奏
曰我琉球國分爲三者百有餘年戰無止時臣民塗

炭臣巴志不堪悲歎爲此發兵山南山北今歸太平伏願陛下聖鑒不違舊規給臣襲封謹貢土產馬及方物大明皇帝賜詔云爾琉球國分人民塗炭百有餘年比爾義兵復致太平是朕素意自今以後愼終如始永綏海邦子孫保之欽哉故諭尚巴志之奏及成祖之諭明史實錄皆不載姑存以備考

明史實錄云洪熙元年仁宗遣中官柴山齎勅至國封世子尚巴志嗣中山王勅曰昔我皇考太宗文皇帝躬膺天命統御萬方恩施均一遠邇歸仁爾父琉

球國中山王思紹聰明賢達茂篤忠誠敬天事大益
久弗懈我皇考良用褒嘉今朕纘承大統念爾父沒
已久爾其嫡子宜俾承續特遣內官柴山齎勅命爾
嗣琉球國中山王爾尚立孝立忠恪守藩服修德務
善以福國人斯爵祿之榮延於無窮尚其祗承無怠
無忽仍賜冠帶襲衣文綺方仁宗遣山時貢使已兩
至表稱世子賀成祖萬壽聖節至是始知改元是年
凡四遣使貢馬及方物云　宣德元年王遣使貢方
物謝襲封恩附奏曰臣祖父昔蒙朝廷大恩封王爵

賜皮弁冠服洪熙元年臣奉詔襲爵而冠服未蒙頒
賜宣宗命行在禮部稽定制製以賜之先是仁宗遣
封巳賜冠帶而王復以爲請故宣宗特賜以皮弁冠
服王遣使鄭義才進香長陵義才言海風壞舟附內
官柴山舟得達乞賜一舟歸國且便朝貢宣宗命行
在工部與之巳又兩遣使貢馬及硫磺賜襲衣靴韈
有差　二年王兩遣使貢方物時山南王他魯每亦
遣使進香長陵　三年王遣使鄭義才貢馬及方物
謝賜皮弁海舟宣宗賜義才等冠帶及金織紵絲襲

衣餘皆素紵襲衣宣宗以朝貢彌謹遣使齎勅勞之并賜王紵絲紗羅錦緞已又遣内官柴山副使阮漸齎勅賜王金織紵絲紗羅絨錦　四年王遣使表貢賀萬壽聖節已又兩遣使貢馬及方物山南王他魯每亦兩遣使入貢俱賜宴及鈔幣又命山南王使齎勅及鈔絹歸賜王汪記云自是山南王不復遣使蓋併於中山矣永樂十三年以後山北王攀安知不復入貢則山北先山南而亡者十四年矣　五年王四遣使入貢宴賚如例仍賜王鈔二萬一千七百六十錠　六年王兩遣使入貢又表貢馬及金銀器皿謝賜錦幣

七年宣宗以外國朝貢獨日本未至命内官柴山齎
勑至國令王遣人往日本諭之明年來朝宣宗命行
在工部給中山貢使漫泰來結制海舟一以貢使言
來舟損壞故是年王遣使入貢者凡四宴賚如例
八年王遣使入貢者凡二宴賚如例　九年王遣使
貢馬及方物已又遣使謝賜衣服海舟宣宗賜幣有
差仍命齎勑及幣歸賜王　十年王遣使謝禮部尚
書胡濙奏量遣正副使從人一二十人赴京餘悉留
彼處給待從之　正統元年英宗頒賜大統曆適王

遣貢使伍是堅至令是堅齋回勅諭王及日本國王源義王再遣使貢馬及方物使者至福建如例止具貢物以聞其自攜螺殼九十海巴五萬八千失於自陳有司以漏報沒入使者籲請給値英宗命行在禮部如例給之後浙江市舶提舉司王聰復以爲言英宗謂禮部曰海巴螺殼遠人資以貨殖取之奚用命悉還之仍著爲令　二年王遣陪臣義魯結制等貢馬及方物奏稱本國各官冠服皆國初所賜年久朽敝乞更賜又言本國遵奉正朔而海道險阻受曆之

使或半載一載方返事下禮部覆奏命冠服本國可依原降造用大統曆福建布政司給與之　三年遣使義魯結制等貢馬及方物賜幣有差　四年遣使梁求保入貢已又遣阿普禮是等入貢賜宴幣如例巡按福建監察御史成規疏言琉球使臣俱於福建停憩通事林惠鄭長所帶番稍人從二百餘人除日給廪米外其茶鹽醯醬等物勒折銅錢按數取足稍緩輒肆詈毆漸不可長事下禮部以爲於例止日給廪米一切費宜悉罷之其通事人員不行禁戢請治

罪英宗以遠人姑示優容令移文戒諭之　五年王
遣步馬結制等貢馬及方物宴賚如例先是朝貢者
朝祭出入皆給馬至是令止給正副使著爲令中山
世鑑云賜尚姓自兹始自是定例二年一貢巴志在
位十八年壽六十八正統四年巳未薨
尚忠
明正統五年庚申尚忠嗣位
尚忠尚巴志第二子洪武二十四年辛未生五十歲
嗣位正統七年遣長史梁求保入貢以巴志訃告乞

嗣位英宗遣給事中俞忭行人劉遜齎詔至國詔曰
昔我祖宗恭天明命君主天下無間遠邇一視同仁
海外諸國咸建君長以統其衆朕承大寶祇奉成憲
用圖永寧故琉球國中山王尚巴志爰自先朝恭事
朝廷勤修職貢始終如一茲既云亡其世子尚忠敦
厚恭慎克類前人上能事大下能保民今遣正使給
事中俞忭副使行人劉遜齎勅封爲琉球國中山王
以主國事爾大小頭目人等其欽承朕命盡心輔翼
惇行善道俾國人咸樂太平副朕仁覆蒼生之意并

勅王曰爾遣長史梁求保奏爾父王尚巴志亡歿良
深悼念特遣使命爾爲琉球國中山王以主國事爾
宜篤紹爾父之志益堅事上之誠敬守臣節恭修職
貢善撫國人和睦隣境庶幾永享太平之福仍賜王
及妃皮弁冠服金織襲衣幣布等物當㑒等未至忠
巳兩遣使貢馬及賀明年元旦猶稱世子云　九年
王遣使入貢者四使臣梁回奏乞一海船以便歲時
朝貢從之　十年王遣使入貢者二宴賚如例　十
一年王遣使入貢者二宴賚如例

臣按中山世鑑云王在位五年壽五十四正統九年薨而實錄十年十一年尚書王貢紀年參差有悞

尚思達

明正統十年乙丑尚思達嗣位

尚思達尚忠子永樂六年戊子生三十八歲嗣位正統十二年遣長史梁求入貢以其父尚忠訃告請襲爵三月英宗遣給事中陳傳行人萬祥諭祭故王尚忠封世子思達嗣王勅曰爾比遣長使梁求等奏爾

父王尚忠亡歿良深悼念特封爾爲琉球國中山王
繼承爾父主理國事爾宜篤紹先志敬守臣節恪修
職貢簡任賢良善撫國人和睦隣境以保國土仍以
皮弁冠服常服及織金紵絲羅緞等物賜王復詔諭
其國臣庶盡心輔翼各循理分毋或僭踰俾凡國人
同樂雍熙副朕一視同仁之意王遣通事蔡讓等貢
馬及方物宴賚如例　十三年王遣使入貢　十四
年王遣使梁同等貢馬及方物時福建尤溪沙縣方
有寇警所司請緩期三月始達已又遣使馬權度等

入貢王叔尚金福亦貢馬及方物賜衣幣冠帶命權
度齋勑并綵幣歸賜王及王妃王叔　景泰元年遣
使百佳尼朝貢景帝命齎勑并文綺彩幣歸賜王及
妃通事程鴻言船壞不能返國願以賜幣造船禮部
請移文福建三司聽其自造不得擾民從之已又遣
使梁回貢馬及方物宴賚如例　二年王遣使察都
等入貢亦以自備工料造船爲請禮部言今福建地
方被賊人民艱窘宜令其候本國進貢通事李敬等
回日附載歸國從之已又遣使亞間美等入貢王在

位五年壽四十二正統十四年巳已薨無子乃立王

叔尚金福爲王

尚金福

明景泰元年庚午尚金福卽位

尚金福巴志第六子洪武三十一年生四十八歲卽

位景泰二年景帝遣左給事中喬毅（殊域周咨錄作陳謨）行人

童（一作畫）守宏諭祭故王思逹封其叔尚金福爲中山

王金福兩遣使入貢猶稱王叔蓋命未逹也四年王

四遣使入貢宴賚悉如例在位四年壽五十二景泰

四年癸酉薨

尚泰久

明景泰五年甲戌尚泰久即位

中山世鑑云泰久尚金福第一子永樂十三年乙未

生四十歲即位

明史實錄云金福既卒其弟布里與其子忠爭立

焚燬府庫兩傷俱絕所賜鍍金銀印亦鎔壞國人推

尚泰久權國事景泰五年泰久以聞并請鑄印頒賜

命所司給之已又遣使入貢表稱琉球國掌國事王

弟尚泰久景帝命齎勅及綵幣歸賜王弟六年王弟兩遣使入貢遣給事中嚴誠（殊域周咨錄作李秉彝）爲正使行人劉儉爲副使齎詔封王弟尚泰久嗣王詔曰帝王主宰天下恒一視而同仁藩屏表率國中或同氣以相嗣朕躬膺天命撫馭諸侯琉球國王尚金福旣薨其弟尚泰久性資英厚國衆歸心茲特遣使齎勅封爲琉球國中山王凡彼國中遠迩臣庶宜悉心輔翼罔或乖違長堅忠順之心永享太平之福故茲詔示咸使聞知又勅王曰爾自先世恪守藩維傳及爾兄

益隆繼述敬天事上久而愈虔屬茲薨逝軫於朕懷爾乃王弟宜紹國封特遣使齎詔封爾爲琉球國中山王并賜爾及妃冠服綵幣等物爾尚祗礪臣節懷撫國人欽哉　七年遣使入貢猶稱王弟及冊封後遣使入謝又遣使入貢　天順二年王遣使朝貢者三　三年王遣使李敬貢馬及金銀器皿疏言本國王府失火延燒倉庫銅錢請照永樂宣德間例所帶貨物以銅錢給賜禮部以銅錢係中國所用難以准給宜將估計鈔貫照舊六分京庫折支生絹其四分

移文福建布政司收貯紵絲紗羅絹布等物依時値

關給從之王遣使亞羅佳其等入貢宴賚如例　四

年王遣使入貢　五年王遣使王察等貢馬及方物

六年王遣使程鵬等貢方物宴賚悉如例

中山世鑑云諸寺諸山建立大鐘皆王所鑄在位七

年壽四十六天順四年庚辰薨

臣按思逵非金福子也中山世鑑悞汪記引世纘

圖云泰久係尚思逵之弟而實録則云金福之弟

蓋實錄止以請封之疏爲據他無可攷也

尚德

明天順五年辛巳尚德嗣位

尚德尚泰久第三子正統六年辛酉生二十一歲嗣位天順六年遣使入貢以泰久訃告英宗命吏科右給事中潘榮行人司行人蔡哲充正副使往祭故王泰久封世子尚德爲王詔曰朕紹帝王之統纘祖宗之緒主宰天下一視同仁撫馭華夷靡間遐邇惟爾琉球國僻居海島密邇閩中慕義來庭受封傳業葢有年矣故國王尚泰久克篤勤誠敬天事人甫餘六

載條爾告終先業攸存可無承繼其世子尚德性資
仁厚國衆歸心茲特遣正使吏科右給事中潘榮副
使行人司行人蔡哲齎詔往封爲琉球國中山王仍
賜以皮弁冠服等件凡國中官僚士庶宜同心輔翼
作我外藩嗚呼循理謹度永堅率俾之忠親族睦隣
丕冒咸寧之化故茲詔示悉使聞知　七年王遣使
崇嘉山等入貢宴賚如例　成化二年王遣使程鵬
等貢馬及方物賜宴及衣幣　三年王遣長史蔡璟
入貢賜幣　四年王遣使程鵬已又遣使讀詩貢馬

及方物俱賜衣幣　五年王遣長史蔡璟入貢又遣
使查農是等入貢宴賚如例
中山世鑑云尚德君德不修朝暮漁獵暴虐無道鬼
界島叛不朝貢數年王自將攻伐之歸彌自滿以致
敗亡在位九年年未三十成化五年巳丑薨壽二十
九歲世子幼稚國人廢之奉內間里主御鎖側是爲
中山王尚圓
思紹尚巴志至尚德凡六傳共六十七年
尚圓

明成化六年庚寅尚圓即位

中山世鑑云尚圓北夷伊平人即葉壁山也永樂十三年乙未生字思德金其先不可知或曰義本讓位隱北山疑即其後也一云葉壁有古嶽名天孫嶽尚圓即天孫氏之裔也父尚稷爲里主尚圓生有異瑞年二十四始渡國頭來仕中山尚金福時始給黄帽尚泰久時領圭内間内間之民皆親愛之時久旱田苗皆槁獨其田不雨而潤民驚傳爲異王懼載妻子隱避一十四年德日懋尚金福聞其賢召爲黄帽官

轉御鎻側卽今耳目官也閙閙侃侃萬事當理德著
民懷尚德嗣位多行不義尚圓極諫云君用財若無
窮殺人若不勝尚德怒不聽再避隱於內間尚德卒
世子幼稚群臣殺之於眞玉城請御鎻側立爲王以
安國家尚圓固讓不獲乃至首里卽位除其虐政順
民所喜山林隱逸隨材器使遠近蠻夷皆歸心焉
明史實錄云成化七年尚圓遣使蔡璟等入貢以父
尚德甍來赴請襲爵憲宗遣戸科都給事中丘弘爲
正使行人司行人韓文爲副使齎儀物行慶弔禮封

世子尚圓爲中山王弘行至山東病卒改命兵科給
事中官管一作榮偕文往　八年王遣長史梁應貢馬
及方物宴賚如例　九年王遣王舅武實入貢謝襲
封恩　十年王遣使沈滿志等貢馬及方物宴賚如
例仍以鈔絹酬其自貢物值滿志等乞如舊制折給
銅錢不許　十一年王遣使程鵬入貢附奏乞如常
例歲一朝貢憲宗勅王曰王使朝貢已如例賞賜遣
還近福建鎮守官奏通事蔡璋等還次福州殺人劫
財非法殊甚今因使臣還特降勅省諭勅至王宜問

璋等故縱其下之罪追寃惡徒依法懲治自後定例二年一貢止許百人多不過加五人除正員外不得私附貨物并途次騷擾有累國王忠順之意其省之十二年王遣使梁應等入謝會憲宗立皇太子應因奏乞如朝鮮安南例賜詔齎回禮部以琉球日本占城皆海外國例不頒詔憲宗特命降勑并以錦幣歸賜其王及妃　十三年王遣使李榮奉表謝恩已又遣程鵬貢馬及方物復請歲一遣使朝貢不許命如前勑王在位七年壽六十二成化十二年薨

尚宣威

明成化十三年丁酉尚宣威攝位

中山世鑑云尚宣威尚圓之弟宣德五年庚辰生少育於兄九歲從兄渡國頭至中山爲黃帽官尚圓卒世子尚眞年十三宣威攝國事六閱月國人樂附後引尚眞掖就王位已東嚮立退隱於越來其年卒汪錄

世纘圖云丙申八月四日卒壽四十八謚義忠今其子孫尚存

尚眞

明成化十三年丁酉尚眞嗣位

尚眞尚圓世子成化元年乙酉生年十三嗣位成化十四年遣長史梁應等請襲封憲宗命兵科給事中董旻爲正使行人司右司副張祥爲副使賫詔之國封世子尚眞爲中山王賜皮冠服金鑲犀帶并以綵幣賜王及妃應等具奏仍欲一年一貢不許　十五年王遣使李榮朝貢迎封冊賜宴及衣幣　十六年王遣使馬怡世入謝附奏乞如舊制不許　十八年王遣使貢馬及方物乞以陪臣子蔡賓等五人於南京國子監讀書令有司　如舊制歲給衣服廩餼王又

以不時進貢爲請禮部言其意實假進貢以規市販之利宜勿聽禮部又言琉球國進貢舊例到京少則四五十人多則六七十人俱給賞有差邇因各國進貢率多奸弊每國止許五七人不過十五人到京餘俱留邊以俟今福建以例止容正議大夫梁應等十五人赴京既已給賞餘六七十人俱留布政司宜發官絫以次均給庶不減削太甚失柔遠之意從之

二十年王遣使程鵬貢馬及方物奏永樂年間所賜船破壞已盡止存其三乞自備物料於福建補造部

議許造其一　二十二年王遣使蔡曦貢馬及方物
二十三年遣陪臣馬審禮等貢方物謝恩至則孝
宗嗣位登極四月賜冠帶衣幣仍命領詔賜王及妃
錦幣　弘治元年王遣使皮揚那等從浙江入貢孝
宗命却之以貢道當由福建且貢非其時也皮揚那
等具以國王咨禮部文言成化二十一年本國正議
大夫程鵬等進貢回國報知皇太子冊妃乃遣使表
賀並貢方物禮部言琉球入貢雖與例限不合然遠
人之情可念況箋文方物已至京難於終却請暫賜

容納後仍以舊例裁之或因福建風水不便取路浙江亦令審實奏請方許起送今次所給正副使綵緞等物宜如舊例番伴從人減半以示裁抑之意從之時蔡賓亦隨貢使至言成化中讀書南京國子監今吏部侍郎劉宣時爲祭酒特加撫恤乞容執贄於宣所致謝許之　三年王遣使馬仁等進香別遣王舅麻勃都入貢奏稱本國來貢人員近止許二十五人赴京物多人少恐致疎失又謂本國貢船抵岸所在有司止給口粮百五十名其餘多未得給孝宗命來

京許增五人增口粮二十名　五年七年皆遣正議大夫梁德入貢賜王錦緞宴賚德等如例　九年十三年皆遣正議大夫鄭玖入貢賜王錦緞宴賚玖等如例　十五年王遣使入貢請於福建補造海船以便往回從之　十六年王遣使吳詩等往滿剌加國收買貢物遇風舟覆詩等百五十二人漂至海南登岸爲邏卒所獲廣東守臣以聞孝宗命送詩等於福建守臣處給粮贍養候本國貢使歸之　十七年王遣使具言前使遭風未回致失二年一貢之期至是

補貢納之　武宗登極命行人左輔頒詔至國正德二年王遣王舅亞嘉尼施等貢馬及方物奏乞每歲一貢禮部議琉球在昔朝貢不時至成化十一年因使臣不法勑令二年一貢今彼因入貢違期故爲此奏以餙非宜勿聽武宗特許之長史蔡賓奏乞自備工料修造貢船二隻禮部議行鎭廵官驗實量修不必改造賓復奏武宗曰令二船拆卸補造第勿過式　四年王遣正議大夫程璉入貢　五年請以官生蔡進等五人入國子監讀書許送南監仍給衣廪等

物如例　六年王遣正議大夫梁能七年又遣正議大夫梁寬等貢宴賚如例　十年王遣長史陳義十一年遣正議大夫梁龍貢馬及方物宴賚如例　十二年王遣正議大夫陳義入貢　十三年遣長史蔡遷十五年遣長史金良貢馬及方物宴賚悉如例

嘉靖改元王遣王舅達魯加尼進香貢方物慶賀詔

賜王及妃錦幣勅王仍遵先朝舊例越二年一朝貢每年不過百五十人仍命福建巡按御史查勘驗放

三年王遣長史金良等二十人入貢良言其國先

有正議大夫鄭繩領謝恩方物渡海風漂未至而表
文在此請得先進許之明年繩至言方物以舟敗至
是復進福建守臣以聞世宗命就彼中宴賚遣還方
物令所司轉運仍令繩賫勅轉諭日本國王令捕繫
倡亂者以獻　五年官生蔡廷美等請就國子監讀
書令禮部照例給廩米薪炭及冬夏衣服
中山世鑑云王在位五十年天姿明敏又能謙巳受
益繼述父業治道大明政刑咸備年六十二歲以嘉
靖五年薨

尚淸

明嘉靖六年丁亥尚淸嗣位

尚淸尚眞第三子汪錄云天纘王子非是中山王無稱天纘王者弘治十年丁巳生年三十一歲嗣位　嘉靖七年遣正議大夫鄭繩等進貢請襲封繩等回至海中溺死　九年又遣蔡瀚入貢申前請禮部以襲封重典命福建鎮巡官查訪申報瀚請遣讀書官生蔡廷美等四人還本國婚姻給賞幣布有差瀚又言來經日本日本國王源義晴托齋表文乞赦其使臣宋素卿之罪併乞新

勘合金印復修常貢禮部驗其文俱無印篆言倭情譎詐不可遽信勅琉球國王遣人傳諭日本令擒獻首惡送回擄去指揮奏請裁奪　十一年正議大夫金良賫國中人民結狀請冊封世宗遣吏科左給事中陳侃爲正使行人司行人高澄爲副使齎詔之國

詔曰朕恭膺天命爲天下君凡推行乎庶政必斟酌夫古禮其於錫爵之典未嘗以海內外而有間焉爾琉球國遠在海濱久被聲教故國王尚真夙紹顯封已踰四紀茲聞薨逝屬國請封世子尚清德惟克類

衆心所歸宜承國統朕篤念懷柔之義用嘉敬順之
誠特遣使賫詔封爾爲琉球國中山王仍賜以皮弁
冠服等物王宜愼乃初服益篤忠勤有光前烈國中
耆俊臣僚其同寅翼贊協力匡扶尚殫事上之心恪
盡臣藩之節保守海邦永底寧謐又勅王曰惟爾世
守海邦繼膺王爵敬順天道世事皇明爾父尚眞自
襲封以來恭勤匪懈比者薨逝良用悼傷爾以冢嗣
國人歸心理宜承襲兹特遣使封爾爲琉球國中山
王并賜爾及妃冠服綵幣等物爾宜祗承君命克紹

先業修職承化保境安民以稱朕柔遠之意　十三年遣正議大夫梁椿入貢表稱世子時詔命猶未逵也　十四年陳侃等還言海中風濤之險多藉神庥不致顛覆乞賜祭以答神貺禮部議令布政司設祭一壇報可王遣王舅毛實等入貢謝恩宴賚如例仍以錦幣雜物賜王先是王以金四十兩饋侃等不受實等并以金奏進世宗命侃等受之　十七年王遣使陳賦入貢宴賚如例　十九年王遣長史梁梓貢馬及方物奏請補造海船四以便續貢許之禁不得

違式　二十年王遣使殷達魯等入貢宴賚如例

二十一年長史蔡廷美招引漳州人陳貴等駕船之國適與潮陽船爭利互相殺傷廷美乃安置貴等於舊王城盡沒其貲貴等夜奔爲守者所掩捕多見殺於是誣貴等爲賊械繫送福建廷美賫表將赴京陳奏巡按御史徐宗魯會同三司官譯審別狀以聞留廷美等待命得旨貴等違法通番着遵國典重治琉球既屢與交通今乃敢攘奪貨利擅殺我民且誣以賊詭逆不恭莫此爲甚蔡廷美本宜拘留重處念素

係朝貢之國姑且放回後若不悛即絶其朝貢令福
建守臣備行彼國知之　二十二年王遣正議大夫
陳賦等貢馬及方物宴賚如例并以禮幣報王王請
遣官生梁炫等歸娶時炫等就學南監巳踰七年詔
給賚糧驛騎遣人護歸　二十四年王遣長史梁顯
入貢送還朝鮮漂流人口宴賚如例　二十六年王
遣陳賦入貢賦與蔡廷會偕來廷會祖蔡璟閩人永
樂中撥往琉球充水手而產籍在閩與給事中黃宗
槩上世有親至是廷會來宗槩與交通饋謁事覺逮

下詔獄禮部請並罪賦革其賞世宗曰陳賦無罪賞如例蔡廷會交結朝臣法當重治念屬貢使姑革賞示罰蔡璟既永樂中撥出何得於中國置產立籍行撫按官勘明處分　二十八年王遣正議大夫梁顯入貢宴賚如例　二十九年王遣官生蔡朝用等五人詣京請入監讀書許之　三十二年王遣長史梁炫入貢宴賚如例　三十四年王遣正議大夫梁碩入貢具言貢舟至港其勢必壞請令使臣買海上民船駕還詔福建守臣覆狀聽買不得過大又請放官

生蔡朝用等歸國省親許之遣使送歸

中山世鑑云王剛强英毅時大島絶貢不朝王親征之得疾危甚法司國頭馬思良祈天代死竟死王疾瘳返中山官其子厚䘏之令其子孫世襲國頭按司

汪記悮入尚元王條下 王在位二十九年壽五十九歲嘉靖三十四年卒

尚元

明嘉靖三十五年丙辰尚元嗣位

尚元尚清第二子嘉靖七年戊子生年二十九歲嗣

位嘉靖三十六年尚元遣正議大夫蔡廷會等入貢請襲封先是三十五年倭寇自浙敗還入海至琉球境中山王世子尚元遣兵邀擊盡殲之得中國被掠人金坤等六名至是廷會等入貢獻還因言窮島遠人須乘夏令遇南風汛始得歸國乞如三十四年例每歲自行修買歸舟不候題請世宗嘉其忠順許之仍賜勑奬諭賞銀五十兩綵幣四表裏有功人馬必度及廷會等俱厚賜　三十七年遣給事中吳時來行人李際春爲正副使無何時來疏論大學士嚴嵩

奸邪狀嵩言其畏航海之役故生事妄言世宗怒杖
時來遣戍改命刑科給事中郭汝霖爲正使偕際春
以行三十九年汝霖等尚未行而正議大夫蔡廷
會入貢奉表謝恩稱受其世子命以海中風濤叵測
倭人出沒不時恐使者有他虞獲罪上國請如正德
中封占城故事遣人代進表文方物而身同本國長
史梁炫等賫回詔冊不煩遣使廵按御史樊獻科以
聞下禮部議言琉球在海中諸國頗稱守禮故累朝
以來待之優異每國王嗣立必遣侍從之臣奉命服

節冊以往今使者未至乃欲遥受冊命則是委君貺於草莽其不可一也廷會奉表入貢乃求遣官代進眛以小事大之禮棄世子專遣之命其不可二也昔正德中流賊爲梗使臣至淮安撫按官暫爲留住候事寧卽遣貢闕下占城國王爲安南所侵寓居他所故令使者賫回勅命乃一時權宜且此失國之君也造無稽之詞以欺天朝援失國之君以擬其主其不可三也梯船通道柔服之常彼所藉口者特倭人之驚風濤之險耳不知琛賓之諭納貢使之往來果何

由而得無患也其不可四也當時占城雖領回詔勑
然其王沙古卜洛猶懇請遣使爲蠻邦光重且廷會
非世子面命又無印信文移若遽輕信其言萬一世
子以遣使爲至榮謂遙拜爲非禮不肯受封復上請
使如占城將誰任其咎哉其不可五也乞令福建守
臣以前詔從事便至於未受封而先謝恩亦非故典
宜止許入貢方物俟受封後方進謝恩表文世宗從
之　四十一年汝霖等始奉詔至國詔曰朕受天命
主宰寰宇凡政令之宣布惟成憲之是循其於錫封

之典遐邇均焉爾琉球國遠處海陬聲教漸被修職
效義閱世已久故國王尚清顯荷爵封粤踰二紀兹
者薨逝屬國請封世子元朕念厥象賢衆心歸附是
宜承紹國統特遣正使刑科右給事中郭汝霖副使
行人司行人李際春齎詔往封爲琉球國中山王仍
賜以皮弁冠服等物王宜謹守禮度益篤忠勤凡國
中官僚耆舊尚其同心翼贊以佐王飭躬勵行用保
藩邦故兹詔示咸俾悉知王遣其舅源德偕汝霖等
入謝初王以金四十兩餽汝霖爲謝却之至是源德

等齎所餽金請命世宗謂朝廷命使無受謝之義詔聽汝霖等辭尋以二臣遠行著勞各賜銀幣　四十二年王遣正議大夫鄭憲入貢送還中國漂流人口世宗降勅褒諭賜鏹幣憲因奏本國亦有流入中國者乞命守臣恤遣下其疏於瀕海所司　四十四年王遣長史梁灼貢馬及方物送還本國北山守備鄭都所獲中國被掠人口世宗嘉王忠順再勅獎諭仍賜銀五十兩綵幣四表裏灼都各二十兩一表裏

隆慶改元王遣使入貢宴賚如例　二年王遣使入

賀宴賚如例　三年王遣守備由必都等歸日本掠
去人口守臣以聞穆宗以王屢效忠誠賞銀幣同前
仍賜勑奬勵由必都等給銀幣有差　五年王遣正
議大夫鄭憲入謝又歸被掠人口再勑奬勵賜銀幣
給賞如前遣南監受學官生粱照等三人歸國從王
請也王在位十七年壽四十五歲隆慶六年薨
尚永
明萬曆元年癸巳尚永嗣位
尚永尚元之第二子嘉靖三十一年生年二十一歲

嗣位　萬曆元年遣使入貢請襲封禮部行福建鎮巡官查勘又送還被掠人民奬賚如例　二年世子遣王舅馬中叟長史鄭佑等十八人入貢賀登極宴賚如例　三年世子兩遣使入貢　四年世子遣正議大夫蔡朝器等貢方物如例給賞外神宗命每五日另給雞鵞米麪酒菓以示優異以戸科左給事中蕭崇業爲正使行人謝杰爲副使齎皮弁玉圭往封尚永嗣王崇業等疏言四事一頒去詔勅如彼國懇留宜加例俯循其請一秩祀海神合舉祈報二祭一

造船宜專責府佐副以指揮二員造完一併隨行一
飲食物用弓矢器械以及觀星占風聽水察土醫卜
技藝之流畢備許酌量取用悉如所請 五年正議
大夫梁灼入貢表稱世子時崇業等尚未行也 八
年慶詔至國詔曰朕受天明命君臨萬方薄海內外
罔不來享延賞錫慶恩禮攸同惟爾琉球國遠處海
濱恪遵聖教世修職貢足稱守禮之邦國王尚元紹
序膺封臣節罙謹茲焉薨逝悼切朕衷念其侯度有
常王封當繼其世子永德惟象賢惠能得衆宜承國

統承建外藩特遣正使戶科左給事中蕭崇業副使
行人司行人謝杰齎詔往封爲琉球國中山王仍賜
以皮弁冠服等物凡國中官僚耆舊尚其協心翼贊
畢力匡扶懋猷勿替於承先執禮益虔於事上綏茲
有衆同我太平則亦爾海邦無疆之休勅王曰惟爾
先世守此海邦代受王封克承忠順迨於爾父元畏
天事大益用小心誠節懋彰寵恩洊被遽焉薨逝良
用悼傷爾爲冢嗣克修厥美群情既附宜紹爵封茲
特遣使封爾爲琉球國中山王并賜爾及妃冠服彩

幣等物爾宜恪守王章遵述先志秉禮守義奠境安
民庶幾彰朕無外之仁以永保爾有終之譽王遣王
舅馬艮弼入謝偕陪臣子鄭迵等三人就學命送南
京國子監如例給衣糧　九年王遣正議大夫梁燦
入貢十一年王遣使梁灼入貢、十五年王遣正
議大夫鄭禮謝恩別遣使貢方物宴賞悉如例是年
王卒在位十六年年三十五歲

尚寧

明萬曆十六年戊子尚寧即位

尚寧尚眞王之孫尚懿之子尚永無世子國人立尚寧年二十五歲即位遣使鄭禮入貢言國方多事未暇請封萬曆十四年日本平秀吉僭稱關白威脅琉球等諸國皆使奉貢又慮琉球洩其情使毋入貢二十七年寧遣使鄭道等請封部議不必遣官但取具該國王舅法司等官印結與世子奏本到即頒封神宗曰今既請封可着遴廉勇武臣一員同往行禮二十九年禮部右侍郎署尚書事朱國祚言琉球國僻處東南世修職貢時當承襲屢遭倭警延逭至今既經世子尚寧奏請相應准封其該用皮弁

冠服紵絲等項宜照例應付遣官巳奉明旨但據其
陳乞情詞援引會典必以文臣爲請惟聖明裁定乃
命兵科給事中洪瞻祖行人王士禎爲正副使往贍
祖以憂去以兵科右給事中夏子陽代之三十三
年神宗命夏子陽等作速渡海以彰大信仍傳諭彼
國以後領封海上著爲定規先是萬曆二十三年琉
球使臣於霸等爲世子尚寧請封撫臣許孚遠以倭
氛未息議遣使齎勑至福建聽來使面領或遣慣海
武臣同彼國使臣往得旨待世子表請然後如議頒

封迨二十八年請封表至則有用武臣之旨二十九
年世子再疏乞差文臣始改後命於時子陽等方齎
勑入閩而廵按方元彥以濱海多事偕撫臣徐學聚
請仍遣武臣前往子陽等具言屬國言不可爽使臣
義當有終乞堅成命以慰遠人俱未報而禮部侍郎
李廷機言宜斷行領封初旨并武臣之遣而罷之於
是御史錢桓給事中蕭道高各具疏力言其不可且
云此議當在欽命未遣之先不當在冊使既行之後
宜行該撫速造海船勿悞今年渡海之期俟事竣復

命然後定爲畫一之規先之以文告令其領封海上
永爲遵守從之於是子陽等齎詔之國詔曰朕恭膺
天命誕受多方爰曁海隅罔不率俾聲教所訖慶賚
惟同爾琉球國僻處東南世修職貢自我皇祖稱爲
禮義之邦國王尚永祗襲王封恪遵侯度倏焉薨逝
良惻朕心其世子寧賢足長人才能馭衆間關請命
恭順有加念其國統攸歸人心胥屬宜膺寵渥固我
籓籬特遣正使兵科右給事中夏子陽副使行人司
行人王士禎齎詔封爲琉球國中山王仍賜以皮弁

冠服等物凡國中官僚者舊尚其殫忠輔導協力匡
襄堅事上之小心翬承先之大業永綏海國共享昇
平惟爾君臣亦世世永孚於休又勑王曰惟爾上世
以來建邦海外代膺封爵長固藩維爾父永恪守王
章小心祇畏忠誠茂著稱我優嘉遽至長終良深悼
惻爾爲冢嗣無忝象賢旣允羣情宜崇位號特兹遣
正使兵科右給事中夏子陽副使行人司行人王士
禎齎勑諭封爾爲琉球國中山王并賜爾及妃冠服
綵幣等物爾宜益虔侯度克紹先猷保乂人民莫安

境土庶幾恢朕有截之化抑亦貽爾無疆之休三
十四年夏子陽等事竣復命王遣王舅毛鳳儀及正
議大夫阮國入謝并以二使所却贐金上於朝神宗
命來使齎回王附奏洪永間賜閩人三十六姓知書
者授大夫長史以爲朝貢之司習海者授通事總爲
指南之備今世久人湮文字音語海路更針常至違
錯乞依往例更賜事下禮部寢之三十六年王遣
使鄭子孝等十三人入貢宴賚如例三十八年王
遣王舅毛鳳儀長史金應魁急報倭警致緩貢期福

建巡撫陳子貞以聞　四十年浙江總兵官楊崇業
奏報倭情言探得日本以三千人入琉球執中山王
遷其宗器宜勅海上嚴加訓練而兵部疏言倭入琉
球獲中山王則三十七年三月事也世纘圖云浦添
孫慶長即察度王之孫興於日本自薩摩洲島舉兵
入中山執王及群臣以歸留二年法司鄭迵法司鄭迵字利山嘉靖四十四年入太學夏子陽使錄云法司不用三十六姓今用之自鄭迵始按迵字格橋萬曆七年入太學與迵爲兄弟但鄭迵官至長史爲法司者則迵也今傳寫作鄭廻則尤悞矣迵乃都通事鄭祿第二子迵第三子其長曰達無名廻者不屈被殺王危坐不爲動慶長異

之卒放同王在位三十二年壽五十七歲泰昌元年
薨

尚豐

明天啓元辛酉尚豐即位

尚豐尚永弟尚久之第四子也尚寧卒無世子國人
立尚豐萬曆十八年生年三十二歲於天啓元年即
位是年改元頒登極詔福建布政司轉命衛指揮蕭崇基齎詔至國三年遣使蔡堅
等貢硫磺馬匹請襲封先是定期二年一貢萬曆間
國被倭難詔停貢已十年至是以爲言部議本國休

養未久暫擬五年一貢待冊封後另議　五年豐遣
使入謝并乞封典　六年再遣使入貢　七年遣正
議大夫蔡延等入貢宴賚悉如例　崇禎二年豐遣
使入貢再申前請命禮官何如寵復以履險糜費請
令陪臣領封帝不從乃命戸科左給事中杜三策爲
正使行人司司正楊掄爲副使齎詔及儀物往封尚
豐爲琉球國中山王　六年三策等始至國王遣使
入謝　九年遣使入貢宴賚悉如例
中山世鑑云王通諸藝始製陶器以贍國用在位二

十年壽五十一歲崇禎十三年薨

尚賢

明崇禎十四年庚辰尚賢嗣位

尚賢尚豐王第三子天啓五年生十七歲嗣位十七

年遣使金應元入貢請襲會中朝道阻不得歸王在

位七年壽二十三歲順治四年薨

尚質

大清順治五年戊子尚質嗣位

尚質尚賢之弟崇禎二年生年二十一歲嗣位先是

尚賢請封未報使者留閩中至是與通事謝必振等
至江寧投經畧臣洪承疇轉送入京禮部言前朝勅
印未繳未便授封遣通事諭旨　六年賢弟尚質稱
世子遣本國通事周國盛齎表歸誠隨通事入朝
七年遣王舅何榜琨正議大夫蔡錦等奉貢入賀船
漂没未達八年
世祖章皇帝令來使周國盛齎勅歸諭世子　十年世
子遣王舅馬宗毅正議大夫蔡祚隆等貢方物繳前
朝勅印請封備言其國王歿勅印隨葬惟尚寧未葬

故即以寧勑齎徽　十一年又遣官進貢請封賜國
王蟒緞二綵緞六藍緞二素緞二閃緞二錦三紬四
羅四紗四賜王妃綵緞四閃緞一藍緞二素緞三錦
二羅四紗四賞王舅綵緞表裏各四正議大夫綵緞
表裏各三藍緞一紬二羅二使者綵緞表裏各二藍
緞一紬一羅一紗一通事從人紗緞紬布銀兩各有
差遣兵科愛惜喇庫哈番張學禮爲正使行人司行
人王垓爲副使賜詔書一道鍍金銀印一敉令二年
一貢進貢人數不得過一百五十人許正副使二員

從人十五名入京餘俱留邊聽賞學禮等疏請十事
部議賜一品麟蟒服於欽天監選取天文生一人南
方自擇醫生二人賜儀仗給驛護送外給從人口粮
至福建修造渡海船遐將弁二兵二百人隨行因海
氛未靖還京待命未行
今上御極念遠人延佇日久譴責學禮等卒遣行康熙
二年春
詔勑至國詔仍順治十一年所頒
勑則康熙元年也

勑曰皇帝勑諭琉球國世子尚質爾國慕恩向化遣使
入貢
世祖章皇帝嘉乃抒誠特頒恩賚命使兵科副理官張
學禮等齎捧勑印封爾爲琉球國中山王乃海道未
通滯閩多年致爾使人物故甚多及學禮等奉掣回
京又不將前情奏明該地方督撫諸臣亦不行奏請
迨朕屢旨詰問方悉此情朕念爾國傾心修貢宜加
優䘏乃使臣及地方各官逗留遲悞豈朕柔遠之意
今已將正副使督撫等官分別處治特頒恩賚仍遣

正使張學禮副使王垓令其自贖前罪暫還原職速
送使人歸國一應勅封事宜仍照
世祖章皇帝前旨行朕恐爾國未悉朕意故再降勅諭
俾爾聞知
詔曰帝王祇德應治協於上下靈承於天時則薄海通
道罔不率俾爲藩屏臣朕懋纘鴻緒奄有中夏聲教
所綏無間遐邇雖炎方荒畧亦不忍遺故遣使招徠
欲俾仁風暨於海澨爾琉球國粤在南徼乃世子尚
質達時識勢祇奉明綸即令王舅馬宗毅等獻方物

稟正朔抒誠進表繳上舊詔勑印朕甚嘉之故特遣
正使兵科副理官張學禮副使行人司行人王垓齎
捧詔印往封爲琉球國中山王仍賜以文幣等物爾
國官僚及爾氓庶尚其輔乃王飭乃侯度協攄乃藎
守乃忠誠慎乂厥職以凝休祉緜於奕世故茲詔示
咸使聞知賜王印一緞幣三十妃緞幣二十　三年
王遣陪臣吳國用金正春奉表謝恩進貢且疏言捧
讀勑諭因臣使物故甚多滯閩日久將正副使併督
撫諸臣處治但中外均屬臣子臣躬承天庥不能少

為諸臣之報而反重爲諸臣之累臣何人斯豈能宴
然清夜
上命還學禮等原職賜國王蟒緞二綵緞四藍緞二素
緞二閃緞二錦二紬二羅二紗二賞王舅綵緞表裏
各四羅四靴一雙綵緞三紫金大夫綵緞表裏各四
羅三靴一雙使者綵緞表裏各二折鈔布四通事從
人緞布有差　四年中山王遣使進香并賀
登極進貢其貢物有在梅花港口遭風漂溺者奉
旨免其補進　五年補進貢物奉

旨發回又令應進瑪瑙烏木降香木香象牙錫速香丁
香檀香黃熟香等十件不係土產免其進貢其硫磺
留福建督撫收貯餘所貢方物令督撫差人解送其
來使不必賫送到京卽給賞遣回　六年令貢使仍
令賫表入覲七年王卒在位二十一年壽四十歲
尚貞
大清康熙八年巳酉尚貞嗣位
尚貞尚賢子順治二年生年二十五歲嗣位康熙八
年進貢耳目官到京於常貢外加進紅銅及黑漆嵌

螺茶碗照例給賜惟正使不係王舅與副使正議大
夫賞同　十年進貢於常貢外加進鬃煙畨紙蕉布
其被風飄失貢物免其查議　十三年進貢於常貢
外加進紅銅及火爐絲煙　十八年補進十七年貢
物除赴京存留官件外其餘員役令先乘原船歸國
十九年遣使進貢奉
諭琉球國進貢方物以後止令貢硫磺海螺殼紅銅其
餘不必進貢貢物舊有金銀罐金銀粉匣金銀酒海
泥金彩畫屏風泥金扇泥銀扇畫扇蕉布苧布紅花

胡椒蘇木腰刀大刀鎗盔甲馬鞍絲綿螺盤後俱免
進外有加貢物無定額熟硫磺一萬二千六百觔海
螺殼三千個紅銅三千觔　二十年遣使入貢
上以貞恪共藩職當耿精忠叛亂之際屢獻方物恭順
可嘉賜勅褒諭仍賜錦幣五十又於常貢內免其貢
馬著爲例　二十一年世子遣耳目官毛見龍正議
大夫梁邦翰上言先王尚質於康熙七年告薨貞嫡
嗣應襲爵具通國結狀請封禮部議船海道遠應令
貢使領封見龍等固請部議執不可

上特允之命翰林院檢討汪楫爲正使内閣中書舍人
林麟焻爲副使楫等疏陳七事一請頒
御筆一請照例
諭祭海神一渡海之期不必專候貢使一請帶修船官
一同渡海一請給關防一請增兵護行一請預支俸
銀奏上
御筆大書中山世土四字賜王特許帶修船匠役隨行
製祭文二道祈報海神并給俸二年以往　二十二
年楫等渡海先行諭祭故王禮

諭祭文曰朕受天景命君臨萬邦殊方海澨罔不賓服
凡有恪共藩職累世輸誠則必生加錫命之榮歿隆
賻䘏之典所以旌揚歸附柔懷荒遠垂爲國憲昭示
億年爾琉球國中山王尚質式廓前徽誕膺世祚作
藩屏於南海輯圭瑞於中邦浮航貢賮凛遵王享之
規踰險求章虔秉朝宗之志方謂河山永固帶礪之
胙常存何期霜雪遄零松栢之姿忽謝眷言藩服朕
實傷焉爰沛褒綸優加祭䘏賜䘏銀一百兩潤絹五
十疋欠行

冊封禮詔曰朕躬膺天眷統御萬邦聲教誕敷遐邇率
俾粤在荒服悉溥仁恩奕葉承祧并加寵錫爾琉球
國地居炎徼職列藩封中山王世子尙貞屢使來朝
貢獻不懈當閩疆反側海寇陸梁之際篤守臣節恭
順彌昭克殫忠誠深可嘉尙兹以序當纘服奏請嗣
封朕惟世繼爲家國之常經爵命乃朝廷之鉅典特
遣正使翰林院檢討汪楫副使內閣中書舍人加一
級林麟焻齎詔往封爲琉球國中山王爾國臣僚以
及士庶尚其輔乃王愼修德政益勵悃誠翼戴天家

慶延宗祀實惟爾海邦無疆之休故茲詔示咸使聞
知又勅王曰惟爾遠處海隅虔修職貢屬在冢嗣序
應承祧以朝命未膺罔敢專擅恪遵典制奉表請封
朕念爾世守臣節忠誠可嘉特遣正使翰林院檢討
汪楫副使內閣中書舍人加一級林麟焻齎勅封爾
爲琉球國中山王并賜爾及妃文幣等物爾祗承寵
眷懋紹先猷輯和臣民愼固封守用安宗社於苞桑
永作天家之翰屏欽哉毋替朕命賜王蟒緞錦幣三
十疋妃二十疋　二十二年遣法司王舅毛國珍紫

金大夫王明佐等謝封汪楫等回京復爲題請遠人
向化請賜就學奉
旨准令就學　二十五年王遣官生梁成楫蔡文溥阮
維新鄭秉鈞四人入大學附貢使耳日官魏應伯正
議大夫曾虁船桅折傷秉鈞飄至太平山修船　二
十七年始到京
上令照都通事例三人日廩甚優春秋四季賜袍掛衫
褲靴帽被褥俱備從人皆有賜又月給紙筆墨硃銀
乙兩五錢特設教習一人又令博士一員督課　三

十年貢使耳目官溫允傑正議大夫金元達到京國王請官生歸國賜宴各給賞雲緞紬布等乘傳厚給遣歸　三十二年王遣耳目官馬廷器正議大夫王可法等入貢方物宴賚有差　三十四年遣耳目官翁敬德正議大夫蔡應瑞入貢　三十六年遣耳目官毛天相正議大夫鄭弘良入貢　三十八年遣耳目官毛龍圖正議大夫梁邦基入貢　四十年遣耳目官毛得範正議大夫鄭職良入貢毛得範行至杭州病卒　四十二年遣耳目官毛興龍正議大夫蔡

應祥入貢　四十四年浮

蔡肇功入貢　四十六年遣耳目官馬元勳

夫程順則入貢　四十七年國中多災宮殿盡燬

颶頻作人畜多死　四十八年遣耳目官向英正議

大夫毛文哲入貢是年七月十三日王卒在位四十

一年壽六十五歲

尚益

大清康熙四十九年庚寅尚益嗣位

尚益尚貞王世子尚純之子尚純爲世子時先卒尚

十年貢使耳目官温允傑正議大夫金元達到京國王請官生歸國賜宴各給賞雲緞紬布等乘傳厚給遣歸　三十二年王遣耳目官馬廷器正議大夫王可法等入貢方物宴賚有差　三十四年遣耳目官翁敬德正議大夫蔡應瑞入貢　三十六年遣耳目官毛天相正議大夫鄭弘良入貢　三十八年遣耳目官毛龍圖正議大夫梁邦基入貢　四十年遣耳目官毛得範正議大夫鄭職良入貢毛得範行至杭州病卒　四十二年遣耳目官毛興龍正議大夫蔡

應祥入貢　四十四年遣
蔡肇功入貢　四十六年遣耳目官馬元勲
夫程順則入貢　四十七年國中多災宮殿盡燬
颶頻作人畜多死　四十八年遣耳目官向英正議
大夫毛文哲入貢是年七月十三日王卒在位四十
一年壽六十五歲

尚益

大清康熙四十九年庚寅尚益嗣位
尚益尚貞王世子尚純之子尚純爲世子時先卒尚

益以嫡孫嗣位年三十一歲立　康熙五十年遣耳目官孟命時正議大夫阮維新入貢　五十一年七月十一日王卒立三年未及請封

尚敬

大清康熙五十二年癸巳尚敬嗣位

尚敬尚益第一子年十一歲康熙五十二年立

遣耳目官毛九紀正議大夫蔡灼入貢灼回至

五十四年遣耳目官馬猷功正議大夫[illegible]

中山傳信錄卷第四

星野
潮
琉球三十六島
琉球地圖
紀遊

中山傳信錄卷第四

冊封琉球國王副使　賜正一品麟蟒服翰林院編修加二級臣徐葆光纂

星野

琉球分野與揚州吳越同屬女牛星紀之次俱在丑宮臣海寶臣徐葆光奉冊將行

上特遣內廷八品官平安監生豐盛額同往測量舊測北京北極出地四十度福建北極出地二十六度三分今測琉球北極出地二十六度二分三釐地勢在福州正東偏南三里許舊測福建偏度去北極中線

偏東四十六度三十分今測琉球偏度去北極中線
偏東五十四度與福州東西相去八度三十分每度
二百里推筭徑亘海面一千七百里凡船行六十里
爲一更自福州至琉球姑米山四十更計二千四百
里自琉球姑米囘福州五十更計三千里乃繞南北
行里數故少爲紆遠耳向來紀載動稱數萬里皆屬
懸揣今逢
皇上天縱推日晷遠近高下以定里數輿圖幅員瞭如
指掌海外彈丸今見準的智能量海功媲指南矣

潮

琉球潮候與福建不同率後三辰東西地勢往復自然之理也各洋潮候海船柁工言之皆不同西洋一日一潮率以申漲以寅退是又以一晝夜爲消息矣

潮生潮漲潮退率三辰爲準今畧列表如後

◎潮生　●潮漲　○潮退

	初一初二十六十七 福建	初一初二十六十七 琉球
子		
丑		
寅		
卯		◎
辰		●
巳	◎	○
午	●	
未	○	
申		
酉		◎
戌		●
亥	◎	○
子	●	
丑	○	

初三初四福建	十八十九琉球	初五初六福建	二十二十一琉球	初七初八福建	二十二二十三琉球	初九初十福建	二十四二十五琉球	十一十二福建	二十六二十七琉球	十三十四福建	二十八二十九琉球	十五福建	三十琉球

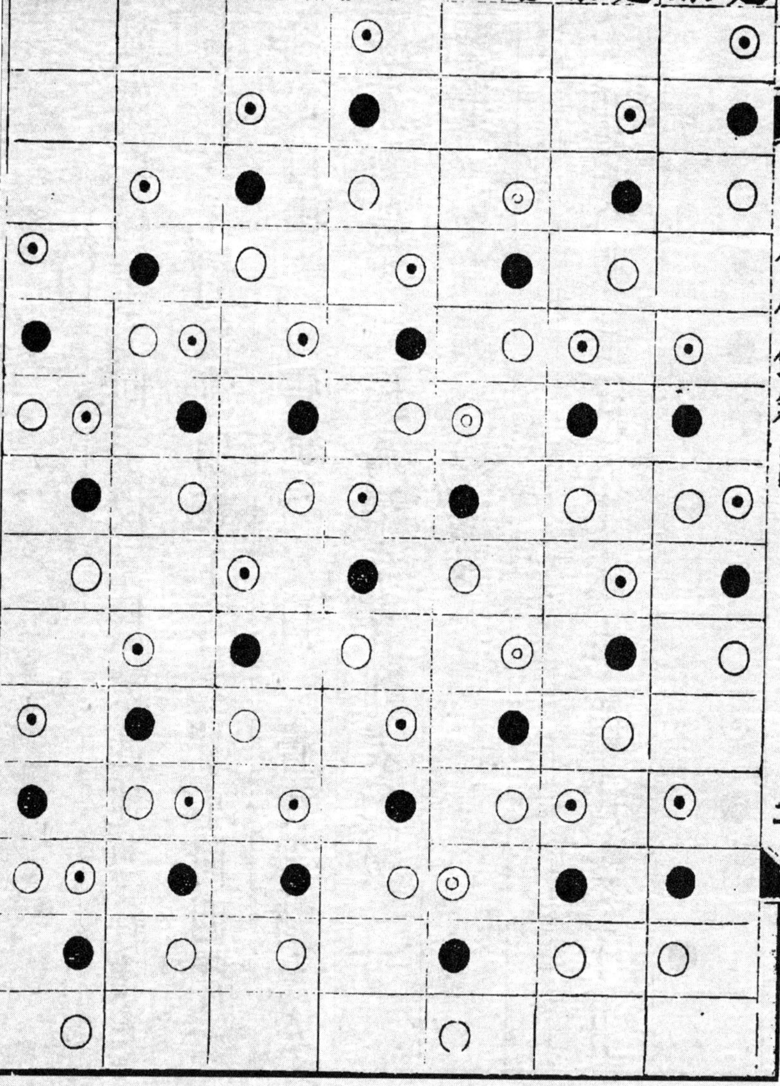

琉球三十六島

琉球屬島三十六水程南北三千里東西六百里遠近環列各島語言惟姑米葉壁與中山爲近餘皆不相通擇其島能中山語者給黃帽令爲酋長又遣黃帽官涖治之名奉行官亦名監撫使歲易人土人稱之曰親雲上聽其獄訟徵其賦稅小島各一員馬齒山二員太平山八重山大島各三員惟巴麻（中山讀間字音同麻華言山也下倣此）伊計椅山硫磺山四島不設員諸島無文字皆奉中山國書我

皇上聲教遠布各島漸通中國字購畜中國書籍有能
讀
上諭十六條及能詩者矣
東四島
〔姑達佳〕譯爲久高在中山東一百四十五里產赤秔
米黃小米海帶菜龍蝦五色魚佳蘓魚佳蘓魚本名
黑饅魚大者長八九尺圍尺許割其肉爲腊各島多
有產此者艮山多螺石
〔津奇奴〕譯爲津堅在中山東三十五里

巴麻譯爲濱島南北二島在中山東三十五里

伊計在中山三十五里以上三島其所產同姑達佳

皆多魚此四島語言頗相近

正西三島

馬齒二山在中山正西一百三十里東馬齒山大小

五島產牛馬粟布文貝螺恠石西馬齒山大小四島

有座間味渡嘉敷等間切西山尤磽瘠罪人多流此

人多黑色善漁能泅水深没久久乃出山下海中產

海松山人能泅水取之姑達佳津奇奴亦有海松馬

齒產者色久不退爲良產魚螺山多鹿近姑米山有
姑巴汎麻山亦多鹿無人居

姑米山在馬齒山西去中山四百八十里有安河巨志川仲里等間切由閩中至國必針取此山爲準封舟行海中第七日有小黑魚點點浮水面接封使臣云此出姑米山下名墨魚山形勢雄拔產五穀及土綿繭紬白紙蠟燭螺魚等物山多雞

西北五島

度那奇山譯曰渡名喜山近姑米山山多牛

安根呢山譯曰粟國山又爲安護仁與度那奇俱近
姑米語言亦與姑米相類山產鐵樹比他處生者良
山多豕
椅山亦曰椅世麻亦曰伊江島中山北山之間一小
石山四圍黄沙潮漲隔半里許水退可徒涉至山上
無居民
葉壁山土名伊平屋島在中山西北三百里產米最
佳亦有麥稷粱豆棉花蕉絲海膽毛魚等物中有一
山宛轉如龍尚圓王祖塋所在

硫黄山又名黑島山多鳥亦名鳥島在中山西北三百五十里與姑米山南北相峙山無草木置採硫礦戸四十餘家歲遺米廩食之統二酋長泊府官遥領之其人爲硫礦氣薰灼目皆如爭不精明相近有灰堆山尤家埠移山奧

東北八島

由論在中山東北五百里產芭蕉結蕉寔多樫木

永良部訛爲伊闌埠在中山東北五百五十里屬有

溫鎮

度姑譯曰德島在中山東北六百里
由呂在度姑東北三十八里
烏奇奴在度姑東北四十里
佳奇呂麻在中山東北七百七十一里
大島土名烏父世麻在度姑東北去中山八百里水
行三日可達其島長一百三十里分七間切有西間
切東間切及笠利名瀨屋喜佳用古見等間切分屬
二百餘村縣其島無孔廟有四書五經唐詩等書自
稱小琉球大酋長十二員小酋一百六十餘員產米

粟麥豆薯木棉芭蕉紅樱黑樱櫨子可窄油羅漢杉即樫木

桑竹畜有牛馬羊犬猪雞無鵝野獸有山猪兎鳥有鴛

鴦雁鵞鷹野鴨鷺青鳩雀鴉無鵲海鮮有草鱸魚海爪

蟶類菓有櫧子燒酒米肌黑糖藮鐵等物皆有之有清

水山菊花山永明山島北一里許有大石如圓柱廣

一里名赤瀨純紫色無人居

〔奇界〕亦名鬼界去中山九百里爲琉球東北最遠之

界人以手食多黑色產樫木爲良

以上八島國人稱之皆曰烏父世麻此外即爲土

噶喇（亦作度加喇）七島矣（七島諸島水程遠近見汪記錄以非琉球屬島故不載）

南七島

太平山一名麻姑山（始爲宮古後爲迷姑今爲麻姑）在中山南二千里有筑山甚高土名七姑山上有碧於亭用艮寅針至中山那覇港福建至太平山自東湧開洋至釣魚臺北風用單卯並乙辰針可達山周圍五六十里頗富饒產畜五穀牛馬甚多出棉布麻布草蓆紅酒名太平酒每年八月歸貢稅于中山

伊奇麻譯曰伊喜間在太平山東南

伊良保在太平山西南

姑李麻譯曰古裏間在太平山正西

達喇庥在太平山正西

面那在太平山西南

烏噶彌在太平山西北

以上皆屬太平山國人稱之皆曰太平山

西南九島

八重山一名北木山土名彝師加紀又名爺馬在太

平山西南四十里去中山二千四十里由福建臺灣

彭家山用乙辰針至八重山明洪武中中山王察度始通中朝時二大島來貢于中山即八重山太平山也山較太平尤饒給多樫木烏木黃木紅木草蓆產牛馬螺石出麻布棉布海參紅酒名密林酒五穀琿渠璹琄珊瑚羊肚松紋海芝海松海栢等石每年五六月與太平山來貢于中山

烏巴麻二島譯曰宇波間在八重山西南

巴度麻譯曰波渡間在八重山西南

由那姑呢在八重山西南以上四島皆近臺灣

姑彌在八重山西較他島爲大

達奇度奴譯爲富武在八重山西姑彌東

姑呂世麻譯爲久里島在八重山西少北

阿喇姑斯古譯曰新城在八重山西

巴梯呂麻譯曰波照間在八重山極西北

以上八島俱屬八重山國人稱之皆曰八重山此

琉球極西南屬界也

三十六島前錄未見惟張學禮記云賜三十六姓

教化三十六島其島名物產則未之及也今從國

王所請示地圖王命紫金大夫程順則爲圖徑丈
有奇東西南北方位畧定然但注三十六島土名
而已其水程之遠近土產之磽瘠有司受事之定
制則俱未詳焉葆光周諮博采緜聯絫合又與中
山人士反覆互定今雖畧見眉準恐舛漏尚多加
詳審定請俟後之君子
臣葆光按舊傳島嶼悞謬甚多前人使錄已多辨
之前明一統志云黿鼊嶼在國西水行一日高華
一作英嶼在國西水行三日今考二嶼則皆無有又

云彭湖島在國西水行五日按彭湖與臺灣泉州相近非琉球屬島也崑山鄭子若曾所著琉球圖一仍其悮且以針路所取彭家山釣魚嶼花瓶嶼雞籠小琉球等山去琉球二三千里者俱位置在姑米山那霸港左近舛謬尤甚太平山遠在國南二千里鄭圖乃移在中山之巔歡會門之前作一小山尤非是

琉球地圖

琉球始名流虬中山世鑑云隋使羽騎尉朱寬至國于萬濤間見地形如虬龍浮水中故名隋書始見則書流求宋史因之元史曰瑠求明永樂中改琉球國在閩福州正東一千七百里偏南三里其地形東西狹寬處數十里南北長四百四十里自中山首里南至喜屋武邊海緊行一日半北至國頭邊海緊行三日半明永樂以前國分爲三曰中山曰山南曰山北宣德時并爲一分爲三省中山爲中頭省屬府十六山南爲島窟一作尻省屬府十二山北

爲國頭省屬府九府土名間切所屬皆稱村頭土名毋喇國中亦有五嶽辨嶽在中山八頭嶽在山南佳楚嶽名護嶽恩納嶽在山北比他山爲高佳楚嶽尤峻爲琉球第一峯云

首里王宫所在不稱間切屬村縣二十一

崎山在王宫東南有崎山山左行爲東苑　金城在王宫西南有金城橋翠巖凌霄亭國丈毛氏家園有泉名奇泉　內金城　新橋在王宫東北有升籌山佐敷殿前王尚益爲世子采地封佐敷故其第稱佐敷殿今爲故宫人所居　赤平在王宫北有石虎山　儀保在朱平村北　西儀保　末吉在王宫北有社壇有龜山有吉泉　山川　新川　殿川　寒川

大中　鳥崛　汀白夾　赤田　姑場川　桃原

有笠泉　當藏　眞和地　立岸　有萬松嶺茶碕橋觀音亭下有慈眼院

中山省　泊　在首里西五里有泊山有泊橋跨海亦名高橋東北有泊津西流入海　屬村縣二

東境　西境

那霸　在首里西十里　那霸江港口有南北砲臺並峙海門旁有巨石當中流名馬加四圍皆鐵板沙沙堅如鐵其平如板板面嵌空槎牙沿海皆是潮長沙沒舟誤觸無完者故國人恃爲金湯　南北砲臺皆從江口跨入海中蠣石築成長堤蜿蜒半里許北砲臺隄中作橋門三以通潮南砲臺隄中有番字石碑一額題曰丫攬新森城碑文嘉靖三十三年國王尚清時立餘皆番字石頗剝蝕又有一石上題一梵字下小字云書法華經一石一字二砲臺石工甚整皆于康熙五十五年新修大夫蔡溫有碑文記其修築

始末立北隄上其畧云霸江百川所會與海相通貢船暨西北諸艘往來中山之咽喉也南距饒波北抵泉崎東達宇平板敷近人規小利或聚泥土築田陌川苦其狹變爲涸溝其尤甚者至塞川以爲田爛土泥水流入霸江江將塞矣明君賢相特命向文思等疏濬斯江或播田地以廣其川或除爛泥以深其水宇平板敷等處復通長川順流臨海寺西築石橋三座迎恩亭北構石橋一座渡地村臨江築塘架木橋二座計橋五座垣花村加二橋共木橋三座泉崎橋改修牧志南泒之水決以西注自康熙丁酉五月初五日起至明年閏八月二十日告成或曰臨海寺南石何爲不除文思曰斯石係乎風水且江海颶飈不時若非斯石船隻難泊也康熙五十七年戊戌十二月記　北砲臺堤中臨海寺門外有重修臨海橋舊碑文康熙三十五年丙子立大夫程順則撰文言國王尚貞時補葺舊堤架石爲橋碑陰又云原有四橋一在寺西三在寺東其東西二橋明萬曆間廢塞惟中二橋今修之又云康熙四十八年己丑十月大風

禎堤十餘丈癸巳二月失火燒碑今國王命官修堤立碑用舊文爲記不敢沒先造也幷記國相向祐以下姓名及工錢數目末云俱用鳩字錢康熙五十二年癸巳五月程順則再識

屬村縣六

東縣　西縣　泉崎　若狹町　辻山　渡地

久米在那霸　有東門村　西門村　北門村　南門村亦名大門村舊有普門寺故又名普門地皆洪武中賜閩人三十六姓居之不他徙故名唐營亦稱營中後改爲唐榮

眞和志在首里西一里　屬村縣十二

識名山下有聖應寺　國場　牧志有日泉相傳見紅日墜地生泉泉上有古松長虹橋七星山皆屬此

天久　松川　與儀　龜田　安里有安里橋先王廟八幡橋八幡

宮
湊川　古波藏有城嶽　仲井間　上間
南風原在首里西三里屬村縣七　宮平　津嘉山舊有玉那霸今幷入
內嶺　本部　喜屋武　神里　平川
東風平在首里西三十里屬中山省地在山南界中屬村縣九　東風平
富盛　志多伯　世名城　友寄　高良　山川
宜壽次　當銘
西原在首里東十里屬村縣十六　幸地　小橋川　安寶
桃原　我謝　翁長　平郎　小那霸　棚原　末
吉　石嶺　嘉手苅　小波津　與那城　內間

吳屋

浦添在首里東三十里屬村縣十一　浦添在浦添山　伊祖　牧港

安波茶　澤紙　屋富祖　城間有客館　西原　內

間有尚圓王舊宅王始爲內間里主後避位居于此　勢理客　前田

宜野灣在首里東三十里屬村縣十二　宜野灣沿海皆曬鹽塲　謝名

有金宮崇奉社察度王母天女也行其地見石物皆黃金銀父勝連按司遣大夫取此金銀曰此地靈所也作樓閣金宮　普天間有寺名普間山神宮寺松壽院皆真言教有天真泉　新城　具

志川　城田　嘉數　安仁屋　伊佐　喜友名

野嵩　我如古

中城在首里東四十里有姑場嶽此處人物俊秀能詩善書常爲王孫采地屬村縣十九

中城有世子殿國王時往遊　姑場在姑場山下　熱田　當間　島

袋　奥間　和宇慶　屋宜　津灞　安谷屋　伊

集　渡口　喜舍場　添石　瑞慶覧　新垣　安

里　中順　比嘉

北谷亦稱北溪在首里東四十里此府多稻田屬村縣十二　北谷有無漏溪義本王當宋淳祐中溪中惡蛟興暴風雨爲患募童女爲犧祭之宜野灣章氏女眞鶴應募捨身養母孝感天神滅蛟除害王大喜以配王子　濱川　砂邊　野國　野里　玉代

勢　屋良　桑江　嘉手納　平安山　伊禮　前

城
讀谷山在首里東六十里 屬村縣十二 讀谷山亦稱座喜味 高志
保 喜名 宜間 渡具知 大灣 伊良皆 渡
慶次 波平 長濱 賴名霸 根波
勝連在首里東北四十里 屬村縣十 勝連 神谷 比嘉 平
敷屋 平安名 內間 新垣 龜島 濱村 南
原
與那城在首里東北五十里 屬村縣六 仲田 平安座 安勢
理 上原 池宮城 伊計

越來在首里東五十里屬村縣十　越來尚圓王弟宣威采地越來代尚圓立六月讓位於尚圓子尚眞退老於越來今其子孫世爲越來按司　照屋　安慶田　湖屋　上地　諸見里　山內　宇慶田　大古迴　中宗根

美里在首里東四十里屬村縣十八　嵩原　高原　恩納亦稱東恩納以別北山之恩納　石川　古謝　伊波　野原　松本　田里　楚南　比屋根　與儀　宮里　知花　池原　嘉手苅　登川　山城

具志川在首里東四十里屬村縣十七　安里　上江洲　宇

堅　祝嶺　中嶺　天願　高江洲　田場　田崎
安慶名　江洲　江洌　大田　榮野比　川崎
兼個谷　兼嘉段
以上中山省間切十六久米在那霸不入間切自泊以下至具志川爲十六
山南省大里在首里南四十里屬村縣十七　與那原　與古田
湧稻國　板艮敷　仲程　與那霸　稻福　上
與那原　大城　宮城　古堅　因取眞　島袋
南風原　高宮城　眞境名　當眞
玉城在首里南四十里屬村縣十一　玉城有八頭嶽有雨城國王祈雨處有玉

泉、中村渠　富里　綠數　垣花　富名腰　前川
當山　和名　奧武　志堅原
豐見城在首里南十五里山南王弟汪應祖故城國中祈雨例在豐見城屬村縣十七
豐見城　饒波有石火山山下有石火橋水東北流爲饒波　長堂　翁
長　眞玉橋橋有水門五下爲玉湖　盛島　奧平　高嶺　儀
保亦稱宜保　我那霸　渡嘉數　高安　伊良波　名嘉
地　田頭　保榮茂　嘉數
小祿在首里南二十里屬村縣十一　小祿在小祿山下　上原　當
間　翠宮城　大嶺在海邊村無他樹皆種呀呾呢成林村南嶺石佳有泉南流入

海南去爲砂川有砂嶽在海中一里許石奇無人居　儀間儀間山在那霸迎恩亭對岸天使館正南山下有垣花村村中多米廩東有樂平泉　湖城　具志　多加良　安次嶺　赤嶺

兼城亦曰金城在首里南三十里屬村縣十　兼城　座波　照屋　嘉數　波平　武富　安波根　絲滿在海邊村石甚奇有白金巖　潮平在海邊　志茂田

高嶺土名多嘉志在首里南三十里山南王故城名大里城城下有惠泉又有芳泉有大里橋舊石橋水門三今架木爲之山南子孫那姓今遷居首里有爲官者屬村縣五　大城　眞榮里　國吉有國吉山在高嶺東南　與座　屋姑

佐敷亦稱佐鋪在首里南二十里有蕪姑那嶽屬村縣八　佐敷　新里
屋比久　手登根　外間　津波古　與那嶺　小
谷
知念在首里南三十里屬村縣十　知念　敷名　久手堅
山口　鉢嶺　久高　外間　知名　安座眞　下
敷屋
具志頭在首里東南三里屬村縣六　具志頭　波名城　中
座　喜納　新城　與座
麻亦作摩文仁在首里南三十里屬村縣五　麻文仁有山名米櫻島

次　石原　松嶺　小渡

眞壁在首里南六十里屬村縣八　眞壁　田島　眞等平

絲洲　宇榮城　古波藏　新垣　名城

喜屋武在首里南四十里爲國中極南沿海邊土屬村縣五　喜屋武　上

里　福地　山城　束邊名

以上山南省間切十二

山北省金武在首里北一百十里屬村縣五　金武在金武山山上爲金峯山下有洞有千手院有富藏河二百年前有日秀上人泛海到此時年大豐民謡云神人來兮富藏水淸神人遊兮白沙化米日秀上人住波上三年後囘北山　宜野座　奥松　漢那　祖

慶

恩納在首里北一百里屬村縣九 恩納在恩納山亦稱佐渡山安富祖

名嘉眞 山田 眞榮田 仲泊 古良波 谷

茶 富津喜

名護在首里北一百三十里屬村縣九 名護在名護嶽山上有萬松院出蘭葉如桂抽箭如蕙攢花如蘭香更烈稱名護蘭有諸喜泉懸瀑崖上屋部 世富慶 安

和 喜瀨 幸喜 松堂有轟泉許田有手水旁有手水觀傳昔有客遇一女求水女手水進客飲之故名有許田湖宮里

久志在首里北一百八十里屬村縣十一 久志 松田 邊理

古嘉陽　宜作次　瀨嵩　汀間　松濱　田榮

良川田　宇富良

羽地在首里北一百五十里　屬村縣六　池城　屋嘉　伊指川

眞喜屋　源河　謝敷

今歸仁在首里北三百里有佳楚山一名宇勝嶽最高爲中山第一峯山下有水西南流爲大榮川

屬村縣十一　今歸仁山北王故城城内有受劍石山北王素尊一石爲神戰敗以石不佑已砍分爲四山北王系絶出山豬　親泊有親川泉戲馬臺村東有獲劍溪山北王有寶劍名重金丸敗欲自刎劍鈍不入王擲于志慶眞河百年後流至水漲溪光揷天伊平屋人得之獻中山王今爲王府第一寶劍　謝名　中城　運天亦稱上運天有山北王墓土人呼爲

百按司墓有運天山在名護山北山下有運天江崎
名運天津西流北山舟船泊此津山下多稻田

山　玉城　平敷　仲宗根　吳我有我部鹽屋昔于此地作鹽

天底林木最茂不見日月　我部

本部在首里北三百里　屬村縣七　伊野波　浦崎　渡久知

崎濱　瀨底　伊豆味　謝花

大宜味在首里北三百里　屬村縣五　屋嘉地地作一比　喜如嘉

田湊　根路銘　津波

國頭在首里北三百八十里尚元王病國頭人何姓者祈神代死果死王疾有瘳至今其子孫世蔭爲國頭按司　屬村縣四　國頭　邊土名　伊地　宇郎

以上山北省間切九

琉球舊無地圖前使錄云周圍可五六千里東西長南北狹皆意揣也葆光咨訪五六月又與大夫蔡溫遍遊中山山南諸勝登高四眺東西皆見海本國里數皆以中國十里爲一里今皆以中國里數定之乃南北長四百四十里東西狹無過數十里而已再三討論始定此圖備錄三十七間切下諸縣村名如右或更有悮以俟再考云

紀遊

中山山嶽寺院及遊者惟首里那霸數處畧記
如後
臨海寺在北砲臺長隄之中爲國王祈報所門東向
佛堂面南三楹面東板閣一間石垣四周潮至牆下
僧名盛滿寺舊名定海前使汪有臨海寺隷書匾有
鐘天順三年鑄
奥山龍渡寺在砲臺西水中小土山潮至瀰漫數十
里潮退則平沙淺水不勝舟楫山舊爲蛇窟僧心海
始闢之蛇相率渡水避去築堤截潮引泉種松搆屋

五六楹前方沼中小亭二所遍地植佛桑鳯尾蕉等
頗可愬玩山東有小尖阜名鶴頭山潮至板敷宇平
等湖漁舟夕照爲那霸近所第一勝處
辻山在臨海寺西對港相望辻字一字兩音國人讀
爲失汁山汪記譌爲青芝山小石阜沿海下皆塋墓
波上在辻山西北一名石筍崖山下海中生石芝沿
海多浮石嵌空玲瓏白色山頭石垣四周垣後可望
海垣內板閣離立三楹扃鑰無僧下有平堂三楹波
上西北沿海中有山名雪崎下有洞雪崎西北有小

石山空洞名龜山海灘拳石二非末吉之龜山也

護國寺在波上山坡之中國王祈禱所僧名賴盛汪使有匾曰護國寺舊名安禪寺亦名海山寺亦名三光院佛龕中有神手劍而坐名曰不動或曰火神也殿下有鐘景泰七年丙子鑄銘文與天妃宮同西面庭中蕉石扶疎頗有致

天尊廟在護國寺下供玉皇有鐘爲景泰七年丙子九月二十三日鑄銘文與天妃宮同

廣巖寺在天尊廟下左右皆村居佛宇數椽庭中剪

檜及黃楊爲玩係新建

西福寺在泉崎橋之東曲徑中門前黃楊夾路作屏兩行剪剔使平而方數十步許僧舍一區屋後有松岡甚茂松根出土蜿蜒如龍相近有東壽寺門前亦以黃楊作屏

東禪寺在久米村南圓覺寺下院也相近有清泰寺皆止三四楹小寺也那霸惟此二寺及廣嚴寺係禪僧餘俱眞言教

善興寺在使館曲巷中倚山崇基汪録云斗室丈階

花木頗清幽今已廢有屋一椽而已宣德中冊使柴山三到琉球曾建大安禪寺千佛閣明夏子陽錄中載其記二篇今皆莫知其處護國寺舊名安禪寺或即所建問國人皆不知

以上在那霸

天久山在先王廟後沿海與波上雪崎相望下有聖現寺石牆四圍方十餘畝中屋一區牆外老松十餘株有天久洞洞前觀音閣一座扃鑰無僧沿海東行大石離立或方或圓側倚層巖之上下作崖洞頗奇更里許有水西流入海名泊津

神德寺在先王廟後由八幡橋石橋西北行有八幡
宮南向尚德王所建供八幡菩薩即大士也下爲神
德寺寺門東向中供不動神與護國寺同
以上在泊村
城嶽一名靈嶽汪使舊錄云有板屋一區今已盡廢
惟叢灌一林密篠攢蕉以石爲神澆酒祈福渡海報
賽處前古松數百株亭立前地少窪四山皆松東三
十餘步有泉名旺泉從石溜出注潭中涓涓不絶泉
上老松三株偃挺尤奇東望有壺家山尾屋數區爲

國中陶處

以上在寘和志

[東苑]在崎山王宮以南一帶石山皆名崎山石狀甚奇苑門西向入門茵草遍地板亭南面二間更進有屋三間面南屋上有潮音應世匾額爲天啓五年詔使指揮同知蕭崇基所書亭東土阜一丘形如覆盂頗高踈汪錄云是雩壇更進少屈南下西轉山巖下有石獅石虎尚存激溜養魚處皆已廢撤南面皆山南平田東行登小板閣即望仙閣也匾已失去葆光

爲重書之閣中有小龕以香木爲柱氣如桂皮作薄
板刻空作字大小參差閣後有小佛堂匾名能仁堂
南面出佛堂東過小竹橋登阜正東見林木叢茂爲
佐敷中隔海港少西見小山林木鬱然即辨嶽也南
北望皆見海中山之東屬島姑達佳譯爲久高前使
汪楫爲國王題東苑匾今已失去題東苑八景有久
高朝旭識名積翠等八景此爲國苑制甚簡朴云
龜山在末吉村土稱末吉山山在中山之北重岡環
繞山半有木亭前後二楹南望見海林木鬱然爲第

一勝處山下有萬壽寺寺中有察度王舊影萬曆三十八年燬今再燬末吉有社壇

圓覺寺在王宮之北久慶門外國王本宗香火所在規模宏敞爲諸寺之冠寺門西向門前方沼數畝四圍林木攢鬱沼中種蓮中有一亭有觀蓮橋供辨才天女名天女堂池名圓鑑池亦名辨才天池辨才天女云即中國斗姥也架橋通之名天女橋更西有龍潭橋亦名龍淵橋入寺佛殿七間極高麗殿左廣庭中有古松云已二百餘年高不四五尺青葱正茂名

古松嶺亦名神木香積廚後有井泉名石冷泉方丈前名蓬萊庭鐘樓南有雜華園國人稱圓覺寺中有八景寺係尚眞王時始建寺前土阜上有碑弘治十一年立三山許天錫撰其文曰大琉球東南海島之國自昔不通中華勝國初嘗招諭不至洪惟我太祖高皇帝應天啓運混一區宇薄海內外罔不臣服於時率先入貢顯被優寵別於他邦永樂初始受冊封王爵百餘年來修貢彌愼弘治丁巳秋國大夫程璉長史梁能通事陳義奉今尚眞王命朝貢於京師竣事道三山謁翰林庶吉士許天錫曰球陽有邦歷世遠矣惟今王大有令德思輯用光常遵舊典請以陪臣之子入太學得一聞天朝仁義禮樂之化以壯國體試言其槩國尅擇舊有書王以正朔請尊之因叅用大統曆法先世深居固衛以貳其下王惟推誠□□躬巡境內跋履窮僻恒省

其稅賦遇孤寒輒貸出給之民咸戴忭王寬仁不嗜
殺亦未嘗曲法以輕貸人猶能謹於□士伏創圓覺
禪寺規模宏敞儀物備至以爲祝禱之場王每遊豫
必與民同實國之瓌觀也兹欲勒石於寺是以彰王
德賜之以言某曰如子之說則王之賢誠可謂奮遠
特立於百世之上者矣乃爲之歌辭俾昭示於後裔
詞曰球陽有國繫於裨海弗庭於華奚啻千載惟我
皇祖仁厚萬方幸先慕義來享來王聖教漸加十有
餘世風清氣回儲祥發祉崛生賢王適號尚眞離羣
絕類舍舊圖新簡刑省罰恤孤振阨春行秋巡厚下
安宅上熙下怡二十有餘祀崇德厚澤川流岡峙有
美大人薄言孔昭我作詩章庸代歌謠大明弘治十
一年歲次戊午八月十二日臣
程璉鄭玖梁能陳義稽首謹立

天王寺在圓覺寺東北門前臨溪有古松四株寺東
有天王僑堂上佛龕供佛手持七星輪及刃曰金剛

也堂西老松最奇一鐘爲景泰七年丙子鑄上刻天
龍寺鐘寺在浦添寺鐘有二移其一于此僧名得髓
天界寺在歡會門外道南寺門北向入寺西南石室
高丈許方廣中山王塋也尚圓以來諸王皆塟于此
寺有鐘成化巳丑年鑄考銘文本相國寺鐘也銘曰琉球
國君世高王乘大願力新鑄巨鐘寄捨相國寺說偈
以銘是祝王基之萬歲安國利民聖天子繼唐虞之
化全文偃武賢宰相霈霖雨之秋玆有巨鐘新鑄就
高樓掛肅萬機心無端扣起羣生夢天上人間妙法
音普成化巳丑十月
月七日住持溪隱
寺西又有安國寺國中案牘皆
儲此寺中

仙江院在天王寺之右前使汪錄云行荒榛中門戸蕭然僧宗實能詩頗學元僧白雲集體今宗實尚存年六十九改字際外稱球陽大和尚

萬松院今改名蓮華院在天王寺之南剪黄楊作徑兩旁籬屏頗整寺中方庭中有小土山剪松樹數株蟠屈有致汪使舊錄稱萬松院僧不羈與天王寺僧瘦梅及宗實相倡和今瘦梅不羈皆化去不羈徒二人一曰德叟今在蓮華院一曰元仁字東峯別開院于北山名護嶽上仍名萬松院年五十餘亦能詩

興禪寺在圓覺寺北小徑中寺甚小庭中黄楊松桂甚多僧了道舊時圓覺寺國師喝三之徒能詩

廣德寺在蓮華院之南寺亦甚小花木頗麗東望山椒林麓鬱然如深山僧名靈源弟子名笑岩相近有

建善寺有僧蘭田能詩

石虎山天慶院僧梁天名智津亦能詩山在赤平村

萬歲嶺在萬松嶺東大道之北石碑立阜上其文畧曰玆嶺以萬歲爲名葢取嵩呼之義以作中山都會尚真君上命於天俾爲斯記大明弘治丁巳仲秋吉

旦奉詔扶桑散人樗不材謹記

以上在首里

中山傳信録卷第四